たったひと言で変わる!

ほめ言葉マーケティング

AI時代に勝つ最先端の方法

商学博士・
岡山商科大学経営学部准教授
田村直樹

一般社団法人
日本褒め言葉カード協会代表理事
藤咲徳朗

コスモ21

漫画♡田村直樹

はじめに

社会学者ルーマンはこう言うのでした。

「社会はコミュニケーションで成り立っている」

コミュニケーションが社会を生み出す要素だというのです。

たとえば、あいさつ。気持ちのよいあいさつがあって、コミュニティの平和が保たれている。もし、そこにあいさつを無視する人物が登場したら、その平和に不協和音が聞こえてくるでしょう。そのコミュニティの平和は、地域だけを意味するのではなく、家族、職場、友人関係すべてにいえることです。

さて問題は、「気持ちのよいあいさつ」をしたい気分かどうか。それは感情の問題、心理の問題です。そう、気持ちのよいコミュニケーションを支えるのは、ポジティブな感情なのです。

心理学にエリック・バーンが創始した交流分析があります。交流というのは、まさにコミュニケーションのことで、人と人のやり取りをいいます。それには言語、非言語の双方を含みます。

交流分析では、そのやり取りを「ストローク」と呼んでいます。これにはポジティブなストロークとネガティブなストロークがあります。

たとえば、気持ちのよいあいさつというのはポジティブなストローク。あいさつを無視するというのは、ネガティブなストローク。

おわかりのように、ポジティブなストロークが心地よい感情を育み、気持ちのよいコミュニケーションを生み出す。ひいてはそうしたコミュニケーションが、地域、家族、職場、友人関係で交わされるなら、世界はまことに平和の道が開かれることでしょう。

とくに、ビジネスの環境でいえば、働く人々の心地よいストローク、気持ちよいコミュニケーションによって、モチベーションが上がり、生産性が上がる。その結果、よりよい製品やサービスが提供され、顧客満足につながる。そうして生まれた顧客満足が、事業の成績に貢献するのです。

この論理を、マーケティングでは「インターナルマーケティング」と呼びます。従業員満足が顧客満足につながるという考え方です。

本書では一貫して、インターナルマーケティングのコンテキスト（文脈）で、ルーマン理論や交流分析の諸理論をベースに物語が展開します。

特筆すべきは、この物語には「褒め言葉カード」が登場すること。このカードの活用を通じて、主人公たちがポジティブなストロークでコミュニケーションをくりひろげます。

読者はその世界観を、マンガというビジュアル的にもっとも効果的なメディアによって共有できることでしょう。


本書はこれから社会に出ようとする学生、および企業組織で働くビジネスパーソンを想定しています。本書で取り上げる「インターナルマーケティング」という考え方はとても重要なものですが、その内容をうまく伝えるテキストが見あたらないのが筆者の思いです。

学術的な参考書だと学生やビジネスパーソンが読むには不向きな書き方になっていたりします。そこで本書では、マンガの表現を使い、誰にでも理解しやすいよう配慮しました。

本書に登場するユキは元気ではつらつとした人物です。どこにでもいそうな女の子です。彼女は、一歩一歩確実に夢に向かって自己実現をはたしていきます。その理由は、本書を手に取って感じてください。

読者一人ひとりの感じ方は異なります。ぜひ最後まで読まれた方は感想をお聞かせください。

私は子どもの頃からマンガを描くのが好きでした。イラストだけでなく、物語を創るのが好きでした。ですから、本書の物語を創ることはとても楽しいものでした。物語に登場するユキは、とても素敵な笑顔の持ち主です。自分で絵を描いていて、彼女の笑顔に癒されました。心豊かに最後まで描き終えました。

この物語ではユキの姿を通してスマイルの大切さが語られています。また、ユキの求めるハッピーカフェの世界は、おそらく多くの人々が求めているものだと思っています。読者のみなさんとこの世界観をシェアできるとすれば、それはこのうえもない喜びです。ぜひともじっくり読んでいただけたらうれしく思います。

このマンガをきっかけに、みなさんのコミュニケーションがポジティブなものになり、素敵な世の中になっていくことを心から期待しています。

二〇一八年四月

田村直樹

たったひと言で変わる！　ほめ言葉マーケティング……もくじ

2章

承認欲求から自己実現欲求へ

3章 コミュニケーションが社会の最小単位

4章 顧客満足度ナンバーワンを実現！

カバーデザイン◆中村　聡
編　集　協　力◆高浜光貴
書籍コーディネート◆小山睦男（インプルーブ）

プロローグ

ほめ言葉が世界をひらく

主人公・サワグチユキは大学卒業後、全国に25店舗を展開するハッピーカフェに入社した。志望動機は、幼い頃からハッピーカフェで家族でケーキを食べた楽しい思い出があったから。

ハッピーカフェでは企業研修に「褒め言葉カード」を導入していた。ユキたち新人はその研修を通して大きく成長し、ハッピーカフェは業界で好感度ナンバーワン企業に成長する。

ユキたちの活躍で、ハッピーカフェは海外進出するまでにいたる。

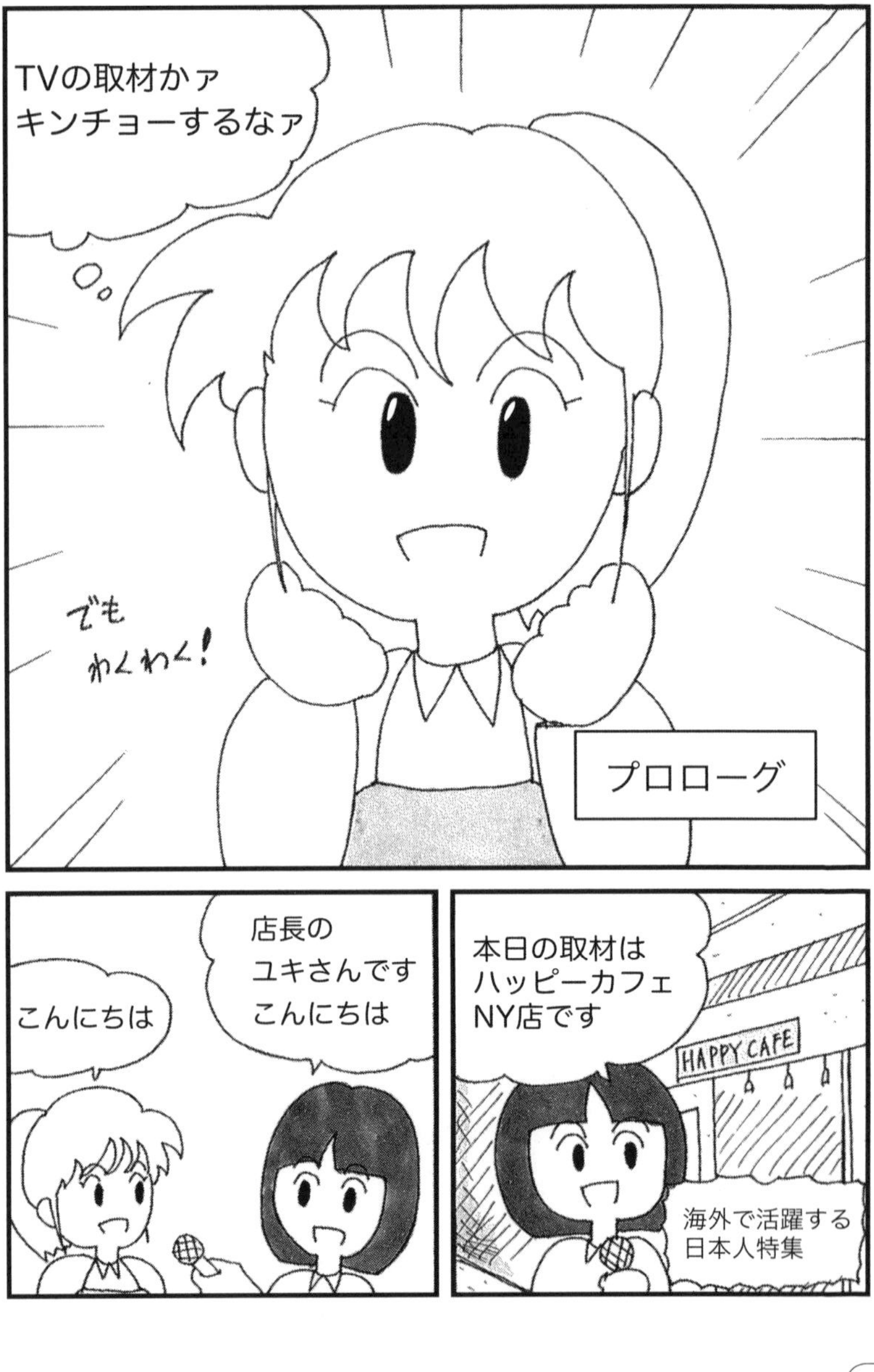
TVの取材かァ
キンチョーするなァ
でも
わくわく！
プロローグ
本日の取材は
ハッピーカフェ
NY店です
HAPPY CAFE
海外で活躍する
日本人特集
店長の
ユキさんです
こんにちは
こんにちは

HAPPY CAFE
ハッピーカフェは日本でも世界でも大人気です
ありがとうございます
CAFE
人気のひけつを教えてください
ひけつは
心から人をほめることです！

人材は
ほめて育てると
いうことですか？
ただほめる
のではなく
相手が言われたい
ほめ言葉で
ほめること
これです！
どうやって相手の
言われたい言葉を
知るのですか？
それは…

褒め言葉カードを使えばできるのです
当社の研修で活用しているすてきなカードです
どうやらすごい研修のようです
働くみんながハッピーだからこそ
お客様をハッピーにできるのです！
ハッピーカフェの成功物語はこのあとすぐ！

1章

ほめ言葉の実践で従業員満足が変わる！

1

面接に合格

　ユキは子どもの頃からの夢であった、ハッピーカフェの面接に挑戦する。面接会場では緊張してドキドキだ。大学では面接に対応するためのセミナーを受講してきたものの、実際はとても緊張して実力が出せるかどうか不安でいっぱいだった。

「言葉づかいはていねいに」とか「おじぎは45度の角度で」など思い出しながら、順番を待つ。

　面接では、志望動機が聞かれる。さて、ユキはどのように答えただろうか。その答えの中に合格の決め手があった。

1、面接に合格
行ってきまーす！
ハンカチ持った？
大丈夫ー！
やれやれそそっかしい子だからねー

ユキは
大学4年生
本日は就職面接
えーっと
言葉づかいは
ていねいに…
おじぎは
45度の
角度で
第一志望の
ハッピーカフェの
日であった
うわ～
キンチョーするなー
面接会場
受付
失礼します
よろしく
お願いします
いよいよ
ユキの番です
次お入り
ください
は!!

それでは
お名前を
どうぞ
サワグチ
ユキと
申します
おかけ
ください
失礼します
当社を志望した
動機について
教えてください
私は
ハッピーカフェが
子どもの頃から
大好きでした

よく母と
買い物のあと
ハッピーカフェの
ショートケーキを
食べるのが
楽しみでした
そして
その時の店員の
お姉さんが優しくて
ふむ
ほう…
私も大好きな
ハッピーカフェで
働きたいと
思いました
こうして無事
面接は終了
後日メールが
届きました
あっ
面接結果が
きた…
ドキ
ドキ
見事合格
採用決定！
やったー
合格した！

お母さん！
合格したよ
ハッピーカフェ
あら！
おめでとう
よかったわね
子どもの頃からの
夢が叶ったよ！
じゃあお祝いに
あとでハッピーカフェに
行こうか
やったー！

HAPPY CAFE
CAFE
ショートケーキ
やっぱり最高！
久しぶり
だねー
憧れのカフェで
働けるのかぁ
すごく
楽しみ！

「偶然」が生むポジティブなコミュニケーション

ユキは見事、面接に合格しました。面接官とのやりとりで決め手になったのは、ユキが子どもの頃ハッピーカフェのお店に行った時のこと。「店員のお姉さんが優しくて」という言葉でした。

この言葉はまさにハッピーカフェが望んでいるものだったのです。つまり、クオリティの高いサービスによって、顧客満足（ＣＳ：カスタマーサティスファクション）が生まれ、リピート購買につながるという論理です。

さらにいえば、企業の従業員満足（ＥＳ：エンプロイーサティスファクション）が高いと、よりクオリティの高いサービスが実現できるという論理です。これを「インターナルマーケティング」と呼びます。

ハッピーカフェでは、まさにこのインターナルマーケティングに取り組もうとしていました。このタイミングでユキは面接を受けたのです。

面接官とユキのやり取りは「コミュニケーション」と呼ばれます。このコミュニケーションでは音声として発話された言葉以外の文脈（コンテキスト）も重要です。面接官はユキに志望動機を聞いていますが、その文脈というのは「応募者が自社の望む人材であるかどうかを探っている」というもの。では、「どのような人材を求めているのか?」という点に関しては、応募者は知ることができない。面接官の心を読むことはできないからです。

ところが応募者は黙っていては話が進まないので、なんらかの言葉を発する必要に迫られます。そこで発した言葉や志望動機が、ハッピーカフェの求める言葉かどうかは候補者にはわからない。

そうなのです。応募者の発した言葉が、相手(この場合は面接官)の望む言葉かどうか事前に知ることはできないのです。同時に、面接官もまた、自分たちの望む言葉を相手(応募者)が発してくれるか、事前に知ることはできない。それらが一致するということは「偶然」なのです。

一般的にコミュニケーションとは「情報伝達」と訳され、正確な言葉で伝わることがよしとされています。しかし重要なのはそれではありません。

重要なのは、当事者にとってそのコミュニケーションが望ましいものかどうか、という点につきます。たとえ正確な言葉であろうと、相手が望ましいと思わない言葉は拒否されて、コミュニケーションは終了する。たとえば、相手の悪口を面と向かって言ったらケンカになって終わりです。

そうなると、望ましい現実は生まれません。ネガティブな現実が生まれてしまいます。そうではなく、ポジティブで望ましい現実を生み出そうとするなら、相手の望む言葉でコミュニケーションする必要があるのです。

ところが、相手の望む言葉は事前にはわかりません。それにもかかわらず、双方に望ましい現実を生み出そうとする矛盾をどう解消できるか？　多くの現実社会に立ちはだかるジレンマです。

ユキは偶然にして、このジレンマを乗り切ることができました。まさに命がけの跳躍でした。しかし、そうした偶然が毎回起こるとは限らないし、望ましくないコミュニケーションが起こることの方が多いかもしれません。

とくに職場のコミュニケーションでは、年齢や立場、価値観が異なる人々が、ビジネスという金銭に絡んだ環境でコミュニケーションをしています。ひとつ間違えば、損益が発生することもある。あるいは立場を失う、職場を失うことにもなりかねません。

つまり、ビジネスという厳しい環境の中でのコミュニケーションは偶然の産物なのです。

そうしたあやうい偶有性を排除できるおそらく唯一の実用化されたツールが「褒め言葉カード」でしょう。このカードの情報は後述することになりますが、お互いの望むほめ言葉を事前に知ることができるカードなのです。

ハッピーカフェでは、この「ほめ言葉」を通じてインターナルマーケティングを実行しようとしていくことになります。

2 ブラック企業？

いよいよ新人研修がはじまった。ユキたちは、メニューを覚え、設備の操作方法を覚え、店内の掃除をする。こうした現場での研修を通じて、ハッピーカフェという企業を理解していくのである。

ところが、ある日同僚のサチコが血相を変えてユキのもとにやってきた。彼女はこう言った。「うちの会社、ブラック企業ってうわさされている」というのである。

ユキはびっくり。

さて、そのころ社長室ではある命令が下されていた。

いらっしゃい
ませ！
2、ブラック企業？
新人研修が
はじまった
メニューを
覚えて…
設備の操作を
覚えて
コポ
コポ
コップを
みがき
店内を
掃除する

いよいよ
接客の
本番です
いらっしゃいませ
接客の
ロールプレイの
あとは
ユキは接客が
大好きでした
ところがある日
休憩室にて
ねぇユキ
ちょっと聞いて！

ウチの会社
ブラック企業って
ウワサされてるよ
同期のサチコ
え？
そんなことないと
思うけど…
社員はサービス残業
当たり前らしいよ…
ここのところ
会社に利益が
出てないらしくて

確かにサービス残業は
聞いてなかったよね…
給料安いしなー
さっさと転職
しようかなー
もっと給料いい所で
採用されたかったなー
……
え？もう転職？
まだ4月なのに

その頃
社長室では
……
へんなウワサが
流れているようだね
ハッピーカフェ
ヤマシタ社長
ブラック企業
とかいう件ですね
人事部長
キシダ
は、はい

このままでは
わが社のイメージ
ダウンとなろう
かしこまり
ました
人事の問題
として
解決するように
その翌日
褒め言葉カード
協会さん？
研修を依頼します

コミュニケーションに「ディスカウント」は禁物

ユキが新人研修でがんばっている最中に、同僚のサチコがやってきました。そしてこう言いました。「うちの会社、ブラック企業ってうわさされているよ」

しかし、ユキは「そんなことないと思うけど」と取り合いませんでした。ユキにとっては信じられない話です。

じつは、コミュニケーションというのは、ポジティブにも展開できるし、ネガティブにも展開できます。言葉というのは、どちらの方向にも接続可能なのです。こうした言葉の特徴を「テキストの連接性」と名付けておきましょう。

「テキスト」とは、ある意味を持った言葉のひとかたまりだと理解してください。サチコが言ったセリフが「テキスト」です。このテキストに、ユキのように「そんなことはない」とポジティブに展開することもできれば、「そうなの？　どういうこと？」というように展開することも可能です。後者の場合だと、話題はハッピーカフェがいかにブラック企業であるかを助長していく内容になっていくに違いありません。

それは、うわさに尾ひれ背びれが付くということと同じことです。あることも、ないことも付いていきます。コミュニケーションというのは、うわさの当事者がいない場でも、話題としてコミュニケートされてしまうことがあります。事実でないことを訂正したくても、当事者がその場にいなければ、訂正できません。ここがうわさの怖いところでありましょう。

では、どうして人の立場や評価を下げてしまうような言葉がやり取りされてしまうのでしょうか？

交流分析という心理学の専門用語に「ディスカウント」という言葉があります。これは、事実を確認せず思い込みで、相手や物事を軽く見たり低く評価したりすることをいいます。サチコは事実を確かめもせず、「ブラック企業」といううわさを信じ込み、転職しようか迷いだしました。

こうしたディスカウントはなぜ起こるのかというと、相手や物事を見下げることで相対的に自分が優位に立てるからです。優越感です。つまり、自分が優越感にひたりたいから、身の回りのものを低く見るのです。でも、この考え方は望ましいものではありません。

優越感にひたりたいということは、じつは劣等感の裏返しなのです。他者の悪口を言って、自分は善者になろうとするのです。こうした言動に出るということは、その本人の「自己肯定感」が不足しているに他なりません。

自己肯定感というのは、この世に生まれて、生きている存在を感謝している感覚です。この感覚がないと、自己の存在を歓迎していないわけですから、劣等感にさいなまれます。たとえ自覚がなくとも。

もし、自己肯定感のない人々がグループになってコミュニケーションをするとどうなるでしょうか？　おそらく、その場にいない誰かのうわさをするようになり、悪口を言いだして、その場の全員が優越感にひたれるようになります。その場にいない人物はスケープゴートです。その人を犠牲にして、残りのメンバーが優越感にひたるのです。

しかし、そんなコミュニケーションが望ましい現実を生み出すことはないでしょう。「ほめ言葉」とは縁遠い話題で終始することでしょう。こうした望ましくないネガティブな話題を好むのも習慣なのです。他者をディスカウントする話題で優越感にひたるという習慣です。本人はそれが望ましくない習慣だという自覚がないので、延々と繰り返してしまうのです。

こうした習慣が、職場の人々に定着していたらどうでしょうか？　いつも誰かの悪口を言ったり、上司や会社、あるいは社会を批判したりして時間を過ごすのです。けっして生産性のよい職場にはならないでしょう。

生産性が悪いと、よい商品やサービスを提供できなくなり、結局は顧客がはなれていきます。企業の業績は悪化します。コミュニケーションの良し悪しが、企業の業績に影響を与えるのです。

つまり、社内のモチベーションを向上させないと、企業は崩壊することにつながります。そのための有力な方法が、ほめ言葉なのです。ほめることで、お互いを尊重し、認め合い、感謝し合う関係に変わります。きっと従業員の満足度が高まり、モチベーションが高まって生産性がアップすることでしょう。

3

社長の決断

社長はある決断を下した。それは、新人研修にもう一つの研修を追加することであった。それが「ほめ言葉研修」であった。

ユキの新しい配属先は接客サービス部。そこでリーダーを担当しているのが先輩のタチバナであった。

タチバナはすでに「ほめ言葉研修」を経験済みである。

ユキはタチバナ先輩から思いがけない話を聞く。それは、ほめ言葉が、じつは習慣であること。もし、ほめるという習慣がないと、ほめ言葉は出てこないというのだ。

ユキはその話を聞いて愕然《がくぜん》とするのであった。

あれ？また
研修ですか？
3、社長の決断
新人の
みなさんには
そう　昨日
社長命令が
出されました
新人担当
ヨコヤマ
詳しくは
配属先のリーダーから
お伝えします
以上です
担当部署への
配属後に追加の
研修があります

リーダーの
タチバナです
どうぞよろしく
ユキは
接客サービス部に
配属された
よろしく
お願い
します！
リーダーといっても
同じ平社員ですよ
先輩くらいの
感じかな
早速来週から
研修があります
では
タチバナ先輩
よろしく
お願いします
タチバナ
センパイって
おもしろいですね

ほめ言葉の研修です
ほめ言葉？
きょとん…
えーっ
ほめ言葉を習慣にする研修だよ

ほめ言葉って
習慣だったのですか？
そうなんだ
だから…
ほめる習慣のない人は
一生人をほめないのさ
ガーン
もう一つ言うと
人によって響く
ほめ言葉も違う

面白いと言われて
うれしい人もいれば
うれしくない人もいる
キラーン
え……
そうなんですか？
えっと
私はうれしいですが…
ほめ言葉…
奥が深すぎる…
くらっ…
ぼくは
うれしくはないよ
ガーン
すみません！

タチバナ先輩は
なんとほめられたら
うれしいのですか？
ぼくの場合？
「絶好調」
だね
絶好調？
確かに私には
まったく響かない
言葉です
でしょ？

ほめ言葉が相手を傷つけることもある!?

ハッピーカフェのヤマシタ社長は「ほめ言葉研修」の実施を決断しました。新人を含め、全社員が受講するという大規模なものです。ユキの配属先の先輩、タチバナは「ほめ言葉研修」をすでに受講していました。

タチバナ先輩はすでに、自分が言われてうれしい言葉を知っていました。同時に、ほめられてうれしい言葉は一人ひとり違うということも知っていたのです。この理解は重要です。

多くの人は、ほめ言葉をたくさん知りません。相手によって使い分けるということもあまりしません。つい自分が「言い馴れた」ほめ言葉を誰に対しても使うのが一般的なようです。しかし、一人ひとり、言われてうれしいほめ言葉が違うのであれば、自分が言われてうれしい言葉は、相手には響かないことがほとんどだと言えるでしょう。

それは、なにを意味するかといえば、本人はほめているつもりでも、相手はほめられた気になっていないということ。つまり、ほめても効果がないのです。すると、ほめる方もほめがいがなくなり、やがてほめなくなる。悪循環に陥るのです。なんとももったいない話です。

交流分析では、人々の会話や笑顔のやり取りを「ストローク」と呼んでいます。ストロークがポジティブであれば、気分のよい関係性になるでしょう。ネガティブなストロークだと、親密な関係には至らないでしょう。

問題は発話者がポジティブなつもりで発したストロークを、受け手がネガティブに解釈してしまうことがあることです。たとえば、「昨日、どこに遊びに行ってきたの?」というストロークを考えてみましょう。発話者は相手の遊び先を聞いて、楽しい話題にしたいと考えていました。しかし、受け手が「遊ぶことは不真面目でよくないこと」という思い込みがあったら、「いや、べつに大した用事ではなかったんだ」と言って話題をそらすかもしれません。そして、「私が遊んでいただなんて失礼な」などと怒りを覚えるかもしれません。

このように、ポジティブな発話であっても、相手がネガティブに解釈すれば、そのストロークは「ネガティブ」になってしまうのです。残念なことです。

同じように、本人がほめたつもりでも、相手が「けなされた」と思うかもしれないのです。よく大阪の人は「おもしろい人」というのがほめ言葉になりますが、別の地方に行くと相手を傷つける言葉になったりします。地域性も重要なテーマです。

さらにいえば、職場ではいろいろな出身地の社員がいるわけですから、自分のほめ言葉が相手に通用しない可能性を念頭におく必要があるでしょう。よかれと思ってかけたほめ言葉で相手を傷つけては、元も子もありません。関係性に亀裂が生じかねません。

これが、「なんでもかんでも、相手をほめればよい」とは限らないということです。一般的には、部下や子どもをほめて育てるということがよいと言われています。しかし、そのほめ言葉が、相手を傷つけ続けたとしたらどうなるでしょうか。その人は、きっと距離をおいたり、関係性に終止符を打ったりして、去っていくことでしょう。ほめ言葉は、相手が望むことを言う必要があるのです。

ところが、先述したように、相手が望む言葉を事前に知ることができない。なので、関係性が望ましいものにならない。この悪循環を逆転させる方法が「褒め言葉カード」を用いた研修というわけです。

ヤマシタ社長はすぐに決断をしました。全社員にこの研修を受講させせます。誰か一人でも理解していない人がいたら、その人がネガティブなコミュニケーションを仕掛けることになりかねないからです。

たった一言のネガティブな言動から、周囲の気分を害してモチベーションを下げてしまうこともあります。企業内の全員が共通の理解に立つこと、つまり、前提を全員で合意形成しておく必要があるのです。合意がとれていないのに、情報共有しても、勘違いを生み出すことになります。

多くの経営学やマーケティングの教えには「情報を共有しよう」という言葉があります。社内で情報を共有すれば、生産性がアップするとか、イノベーションが加速するというのです。しかし、その考えは単純すぎるでしょう。おわかりのように、各個人が異なる価値観を持っているのですから、いきなり情報共有しても、解釈に誤解や温度差が生じ、結局望ましい現実は起こらないでしょう。

したがって、情報共有する前段階として、全員で前提を合意しておくことが必要です。その合意プロセスのための研修が「ほめ言葉研修」というわけです。

4

「ほめ言葉研修」

いよいよ「ほめ言葉研修」が始まる。ユキにとっては興味津々の研修である。この研修では、まず、じゃんけんから始まる。講師がグーやチョキを出して、フロアがそれに勝つように手をあげる。テンポよく、次から次に講師が手を変えても、フロアは簡単に勝つことができる。

しかし、今度は「わざと負ける」ように手を出すように指示された。するとフロアは大混乱に陥った。

ユキはがんばって負けようとするのだが、どうしても負けることができない。しかもテンポよく次々に進むので、全然負けられないのであった。

それでは研修を始めます
4、「ほめ言葉研修」
講師のオオタですよろしくお願いします
よろしくおねがいしまーす
まずジャンケンの実習をします後出しでいいので私に勝ってください
はい勝って勝って

後出しでいいので
次はわざと
負けてくださいね
どっちが
難しいですか？
負ける方
です
はい負けて
負けて
えー!!
あれ?
そうですね
実はジャンケンは
習慣
なのです

皆さん
勝つ習慣は
ありますが…
負ける習慣が
ないのです
笑顔も習慣
なのですよ
笑顔づくりの
実習をしましょう
朝の歯磨きのように
鏡に向かって
ニコニコします
あっ
なるほど！

いいこと聞いたー
これならカンタンに毎日笑顔の練習ができる！
さてみなさんに質問です
ここに二つのリンゴがあります
A
B
みなさんはAとBどちらのリンゴが気になりますか?
A
B

ではAの方
はーい
Bの方は？
はい
はい
はい
はい
はい
Aが2人
Bが18人です
実は人の習性として
欠けているところが
気になるのです
リスクを避けたい
行動なのです
なるほど！
そっかー！
でも人の欠点よりも
良い点を見つけて
あげたいですね

ところで人の脳は
否定語を理解
できないのですよ
例えば
「踊る熊を想像しては
いけません」
どうですか？
あれ？
無理でした！
想像して
しまいます！
そうですね
ですから…
「きちんとしないとダメ」とか
「約束を守らないとダメ」など
否定語だとむしろ
ダメなことが起きるのです
なるほど
全てポジティブに
考えていこう！

肯定的な言葉を使って脳をポジティブに

さて、いよいよ「ほめ言葉研修」のスタートです。まずはじゃんけんの実習からスタートです。講師が次々に手を出していきます。フロアはそのテンポにしたがって、「勝つ」手を出さなければなりません。この場合は、難しいものではないようです。

ところが、次はわざと「負ける」手を出さなければなりません。ユキはどうしても負けの手を出せませんでした。ついつい勝ってしまうのです。これはどうしてでしょうか？

じつは、じゃんけんというのは習慣なのです。勝つのが習慣です。負ける習慣がないのです。習慣にないものは、とっさに対応できません。ためしに腕組みをしてみてください。左右どちらかの手が上に来ます。それを左右逆になるように腕組みしてみてください。さっとできるでしょうか？　多くの方が、混乱したり、時間がかかったりします。この腕組みも習慣なので、習慣にない腕の組み方はとっさにできないのです。

同様に、ほめるということも習慣なのです。ほめる習慣がないと、とっさにほめ言葉は出てこないのです。ほめる習慣のない人は、一生ほめない可能性もあります。それだけその人はポジティブなストロークが不足しているのです。よって、望ましい人間関係を構築できない可能性が大きくなります。

そして、笑顔も習慣です。笑顔は周囲を明るくします。気分がよくなれば、モチベーションの向上にもつながります。とくに接客の場面では、笑顔が重要になります。もちろんクレーム処理など、時と場合にもよりますが、ごく一般的な接客の場合、笑顔で対応することが望ましいとされています。

ところが、本人は笑っているつもりでも、相手から見ると笑っていないことが多々あります。顔の表情筋が固まっているので、笑顔になっていないのです。笑顔を習慣にするために、毎朝笑顔で歯磨きをするトレーニングが紹介されました。

次にリンゴの実習が始まりました。AとB二つのリンゴがあります。Aはまんまる。Bは欠けた部分がある。多くの人は、Bのリンゴが気になるようです。つまり欠けている部分に意識がいくのです。なぜでしょうか?

その理由は、人間の本能にあります。人間は本能的に、危険を避けるようにできています。リンゴが欠けているということは、そこでなにかが起こった。未知の出来事です。人にとって未知の出来事は危険を感じたり、不安にさせたりするのです。したがって、欠けた部分が気になるのです。

もちろん本能というのは、一つではありません。快楽を求めるというのも本能です。Aを選んだ人は、まんまるなリンゴの方がたくさん食べられて、快楽をより満足してくれるから気になるのかもしれません。つまりは、AかBかは、どちらの本能が優位に立っているかということになります。ただ、数のうえでは、Bの危険回避が優位に立つ人が多いということです。

問題なのはBが優位の場合、ネガティブな点に意識が向きやすいので、人の欠点に意識が向いてしまう点です。人の欠点だけではなく、長所にも目を向ける必要があるでしょう。長所に目を向けることが、ほめることにつながります。誰も欠点ばかりの人はいないのですから。

最後に「脳は否定語を理解できない」という言葉が出てきました。ユキは「踊る熊を想像してはいけません」と言われてもついつい想像してしまうのでした。他の例としては、「ピンクの象を想像してはいけません」というのがあります。そう言われても、ついついピンクの象を想像することでしょう。

このように、脳は否定語を理解できず、イメージしたことを記憶してしまいます。したがって、「キチンとしないとダメ」といわれても「キチンとしていない状態」がイメージされ、それが記憶されるので、なかなかキチンとできないのです。「約束を守らないとダメ」と言われても、「約束を守らない」イメージが先行するので、それが記憶され、結局約束は守れなかったりします。

そうではなく、肯定的な表現でよいのです。「キチンとしましょう」「約束を守りましょう」でよいのです。否定語を使うとむしろ、その否定的な出来事が起きてしまうのです。「予言の自己成就」という言葉があります。予言をしたら、その予言どおりになるような言動に引きずられ、結局予言通りになる。この場合、ネガティブな予言は、本人がネガティブな結果になるように振る舞い、その通りになるということです。

ポジティブな予言であれば、そうなるようにポジティブな振る舞いになるでしょう。最終的にはポジティブな結果になります。それが「予言の自己成就」です。

5

「褒め言葉カード」

ユキたちは、ほめ言葉が書かれたカードを前にした。100種類ある。その中から、ランダムにカードを5枚選択する。

その次は、グループの隣同士でカードを交換していく。

これによって、自分のほめ言葉ベスト5が完成する。

ユキにとって、その中でもいちばん言われてうれしいカードは?

まずランダムにほめ言葉を５つ選んでください
5、「褒め言葉カード」
まずはこれとこれ…
魅力的
ほっとする
天才
名人
頼りになる
さわやか
すごい
尊敬
イヤな場合は断れます
それはダメですー
次は隣の人があなたのカードを1つ抜きます

それなら
いいよ
なるほど交換し合う
うちにどうしても手元に
残したいカードが
わかるんだ！
私がいちばん
手放したくない
カードは
これだ！
「わくわく」
です！
「わくわくする人」
って言われると
すごくうれしい！
わくわく

みなさん
お隣の方に
ほめ言葉をかけて
あげてください
笑顔も
いっしょに
メグミさんは
個性的ですね
うれしい
今度は拍手も
交えて
言ってください
ユキさんは
とっても
わくわくする人です！
てれるなー
パチ
パチ
ありがとー

なんだかとても
うれしい気持ち
ワイワイ
キャーキャー
会場のみんなも
盛り上がってるなー
研修終了
みんなの顔が
とっても
明るい
ありがとー
うれしい
ほめられるの
うれしいけど
人をほめるのも
うれしくなるんだなー
でも
不思議な
気分だなァ

その翌日
昨日は良い研修だったなー
ユキさん 昨日はどうも
あ、お隣だった メグミさん
褒め言葉カード 楽しかったね
はい、とっても 楽しかったです

みんなでほめあえたらいい会社になりそうね
ホントですね！
せっかくいいこと聞いたから身の回りからやっていきたいね
そうですねやっていきましょう！
ユキたちは周りの人々をほめ始めた
ヤマダさんいつも素敵な笑顔ですね！
それがすごいことになるのはもう少し先のお話

カードを使って相手も自分もハッピーに

ほめ言葉を有効なものにしようとすれば、当事者たちの関係性が重要です。先取りしていうと、「信頼関係」が必要なのです。「ラポール形成」ともいいます。

信頼が成立していない関係では、ほめ言葉はかえって危険です。先述したように、ほめたつもりでも相手を傷つけている場合があるからです。あるいは、疑心暗鬼な状態でほめられても「なにか下心があるのではないか?」などと疑われ、ほめ言葉の効果がなくなります。むしろ関係を悪化させてしまいます。

この研修ではカードを使う前に、「山と海とどちらが好きか」といった自己開示の時間があります。そこで、お互いを知り、相互理解を深め、ラポールを形成していきます。そのプロセスがあってはじめて、「褒め言葉カード」が威力を発揮するのです。

さて、ユキたちはたくさんのカードの中からランダムに、まず5枚を選びます。

次に、その5枚の手持ちのカードをグループの隣同士で交換していきます。その際、自分が言われてうれしいカードは手元に残していく要領で、隣の人が、手元に残したいカードを引こうとしたら断ることもできます。

要らないと思ったカードは、テーブル上に捨て、他の人が捨てたカードの中に好きなカードがあったら、それと交換することもできます。

そうしてベスト5を決定します。

さらにその中から、いちばん言われてうれしい言葉を選びます。その言葉が本人にとってのベスト1です。このベスト1は人によって違ってきます。ある人は「頼りになる」であったり、ある人は「天才」であったりします。それぞれ違うのです。

じつは、事前に「山と海のどちらが好き」といった実習をしているので、自分と他者が違う価値観であることを合意しています。ですから、ほめ言葉も人によって好みが違うということを受け入れやすくなっています。

次に、メンバーでお互いのベスト1のほめ言葉を言い合います。じつにハッピーな時間になります。なぜなら、いちばん言ってほしい言葉を耳にできるのです。これまで誰にも言ってもらえなかった言葉かもしれません。ようやく耳にできたのです。なかには、感動して涙を流す人もいるくらいです。

そして、さらにその言葉をオーバーアクションで言ってあげるのです。拍手をしたり、ハイタッチをしたりしながら。この時間は大いに盛り上がります。

研修終了後、ユキはあることに気づきます。ほめられることもうれしいが、相手をほめることもうれしいことに。

そうなのです。脳は人称を理解できないので、相手をほめたつもりでも、脳は錯覚して自分がほめられた気になるのです。相手の気分もよくなり、自分の気分もよくなるのです。まさに一石二鳥です。相手をほめて自分の気分がよくなれば、それもモチベーションが上がるきっかけになるのです。ほめてよし、ほめられてよしです。

最後に、ユキとメグミは研修の感想を交換します。そこでメグミが提案をしました。せっかくだから、身の回りの人をほめていこうというのです。ユキも大賛成。さっそく二人は身の回りからほめ言葉を使いだしました。ポジティブストロークの発信です。脳は人称を理解できません。たとえ他人がほめられていても自分もほめられた気になるのですから、効果は2倍、3倍に膨《ふく》れあがります。ほめ言葉を横で聞いているだけでも効果があるのです。

こうして、ユキたちのほめ言葉の実践がはじまりました。その効果は後日、すごい結果につながっていくのです。

2章

承認欲求から
自己実現欲求へ

1

商品開発

ある日、ユキに人事部長からの連絡があった。それは、新商品開発チームの会議に参加するようにということだった。

さっそく会議に参加したユキは驚いた。リーダーのフクイのプレッシャーがすごいのである。参加メンバーに「君やる気あるのか?」と言うので、参加者たちも萎縮してしまった。

そこで、ユキは勇気を出して自分の提案をしてみた。するとフクイは関心を示したのである。

そのユキの提案とは?

新商品開発
チームですか？
1、商品開発
とにかく人事部長
から連絡があった
すぐに参加して
予定表
わかりました

それでは
意見交換を
お願いします
ユキは
新商品開発の
会議に参加した
リーダー:フクイ
えーっと
例えば?
和風のメニューは
いかがでしょうか?

あんみつ風味の
パフェとか
抹茶テイストの
アイスクリームとか
君やる気
あるのか？
何かもっと
エッジの
効いた案は
ないかな？
え…
は…はい…

エッジ
ですか…
うーん
例えば…
豆腐の
チーズケーキとか
し〜〜ん
うむ…
他には？

君たち
本当にやる気
あるのか？
まったく…
あのー
はい
どうぞ
カキ氷
なのですが
ほう…

おかわり自由で
好きなシロップが
選べるとか
ドリンクバーの
スタイルにして
うむ
それは面白い
さっそく
明日企画書を
持ってくるように
では本日は解散
明日同じ時間に
集合
え〜っ!

ネガティブな現場からは何も生まれない

ユキは新商品の開発会議に参加することになりました。そこでびっくりしたことは、リーダーのフクイ氏のプレッシャーでした。こうしたアイデア出しの会議では、通常、ブレインストーミングの方式をとるのですが、フクイ氏はそうしていませんでした。ブレインストーミングとは、メンバーが各自思いついたことを自由に発言し、メンバーはその意見に否定的なコメントはしないことをいいます。もし、否定的なコメントがくるのであれば、それを恐れて自由に発言できなくなるからです。すると、名案が口に出されず、アイデア出しの会議は失敗に終わる可能性が高くなります。

とくに、フクイ氏の「やる気あるのか」といった発言は、相手を萎縮させてしまいかねません。萎縮してしまえば、斬新なアイデアが発言されず、ヒット商品の可能性をつぶしてしまうかもしれません。

ということは、「やる気あるのか」という言葉はネガティブなストロークということです。相手の気分を損ねたり、モチベーションを下げたりしてしまいます。こうした場合、ポジティブなストロークが望ましいでしょう。「なるほど、それもひとつのアイデアだね」と言って、相手を否定しないことです。それが会議で徹底されているなら、メンバーは安心して自分の意見を口にできるでしょう。するとその中から、グッドアイデアが飛び出すかもしれません。

さて、新商品の開発で重要なことは、消費者に共有される世界観です。斬新なアイデアが必ずしも歓迎されるわけではありません。むしろ誰でも知っているもので、少し目新しい新鮮なくらいが受け入れやすいのかもしれません。

社会学者、ロジャースのイノベーション普及理論によれば、斬新なアイデアを好む人々は市場全体からすると2・5パーセント程度の人口しかいないそうです。そして、新商品をしっかり見極めて、自分の価値観で判断し、よいと思えば他の人々に紹介するオピニオンリーダーがいます。この人口が13・5パーセント程度。この二つをあわせた16パーセントが新しいものに反応する層です。残りの84パーセントは保守的な層です。つまり、自分で判断せず周囲の様子を見て安全だとわかってから購入する人々です。世の中の8割以上が保守的なのです。

8割の人々は新奇なものは経験がないので手を出さない。リスクを恐れるからです。失敗したくないのです。これは、リンゴの実習のところ（1章）で紹介しました。多くの人々は欠けていないリンゴ（A）よりも、欠けているリンゴ（B）が気になるのです。欠けているということは、そこに通常とは違うなにかがある。リスクがあると思うのです。

重苦しい雰囲気のなかで、ユキは勇気を出して、カキ氷の提案をしました。それ自体では、とくに斬新とはいえません。しかし、それをドリンクバー方式で提供するというのです。確かにドリンクバーも目新しくないのですが、カキ氷のドリンクバー方式は新鮮だと思います。

つまり、単体では斬新でなくても、2つの要素を組み合わせた場合、そのマッチングが斬新であれば全体的に目新しい新鮮な印象を与えることができるのです。

このカキ氷のドリンクバー方式が上手くいくかどうかはまだ仮説段階です。「きっと上手くいくに違いない」という仮説です。こうした新鮮な仮説はどのように思いついたのでしょうか？

それはユキにも説明がつかないと思います。とても飛躍的な発想なので。いわゆるヒラメキです。この飛躍的な仮説の発想を「アブダクション」といいます。誰もが思いつかないようなアイデアです。たとえば、ニュートンが木から落ちたリンゴを見て、万有引力を発見したことが有名です。でも、彼がどんな脳の使い方をして思いついたのかは、ニュートン自身もわからないのです。

人の脳は自分のものでありながら、コントロールできないのです。アイデアは急に思いつくのです。そして、よいアイデアほどリラックスした時に出てくるようです。ということは、アイデア出しの会議もリラックスした状態の方がよいアイデアが出やすく、生産性が高いといえそうです。お互いを否定せず、存在を肯定しあえる安心できる環境が職場に求められているのです。

2 生産チーム

ユキの企画がパスした。そこで、生産チームによる試作がはじまった。ユキにとっては未体験の連続である。

生産部からは3人が選ばれていた。この3人、仕事はまじめにしてきたのであるが、表情が明るいとはいえなかった。とにかく試作品を作った。

それをユキが試食をしてびっくり。とってもおいしいのである。ユキは3人を心から称賛し、ほめ言葉を送った。

すると、ほめられなれていない3人は……

はい
それでは
お願いします
2、生産チーム
がんばり
ましょう！
生産チームで
試作が始まった
ユキの
商品企画が
パスしたので
生産部から
選ばれたのが
この3人
ササキ
ヤマシナ
クボタ

オリジナルの
フレーバーを
作ればいいのね
は、はい
えーっと
ではまず
6種類作り
ましょうか
はい
了解
オリジナルの
シロップ作りが
始まった

すごーい！
はい
できました
オレンジ
グレープ
イチゴM
アップル
メロン
抹茶M
こっちが
抹茶ミルク
こっちが
イチゴミルク
うんうん
オレンジ
グレープ
これが
メロン
アップル
おいしい♡

ああどれも
おいしーい
みなさん
すごいですね!
え…
それほどでも
ほめすぎ
だよ
いつもやってる
ことだし

本当に
おいしいです
オレンジも
アップルも
ひと味
違います
グレープは
今までにない
味わいです
そこまで
ほめられたら
すべて
オリジナルの
風味が
素晴らしい！

試作して
みようか？
あと6種類
ほど…
やったー♡
これがのちの
大ヒット商品に
なることを
この時ユキは
知るよしも
なかった
新商品
楽しみ～♡

ほめ言葉でモチベーションを上げ生産性アップ

ユキの企画書はパスしました。そこで、新商品の試作が始まりました。生産部から3人のスタッフが集まりました。最初の表情は、3人ともかたいものでした。よそよそしいというか、フレンドリーとはいえない感じがします。

そして試作品ができました。カキ氷に使うオリジナルシロップです。ユキはさっそく試食しました。6種類のシロップはどれもおいしいものでした。ユキは素直に感激し、感想を述べました。そして3人にほめ言葉を送りました。

するとどうでしょう。3人はとてもうれしい気持ちになりました。まさかこんなにほめられるとは思っていなかったようです。すっかり照れてしまいました。気分をよくした3人はさらに6種類のシロップを試作しようかと提案しました。

これはモチベーションが上がったことを意味します。最初は義務的な感じで対応していた3人ですが、ほめられ、認められるとモチベーションが上がり、自主的に提案するようになりました。この自主性が大事なのです。

仕事は命令されて嫌々するよりも、自主的に取り組んだ方が生産性はアップします。

ではなぜ、自主的な取り組みによって生産性がアップするのでしょうか。それをマズローの欲求5段階説から説明しましょう。

心理学者のマズローによれば、人間の欲求レベルは5段階あるとされています。まず第1段階は生理的欲求。それは、生命を維持するために必要な食欲や睡眠欲を意味します。この第1段階がクリアされると、第2段階に進みます。

第2段階は安全欲求です。衣服を着て寒さをしのぎたい、家に住んで外敵から身を守りたいといった欲求です。これら第1と第2は基本的な欲求です。この2つが満たされると、第3段階に進みます。

第3段階は、社会的欲求または集団欲求です。人間は一人ではさみしい、心細いので仲間を求めます。たとえば、家族、友人、サークル仲間といったことです。この段階が満たされると今度は第4の段階に進みます。

第4段階は、承認欲求または自尊欲求です。この段階は、人は他者から認められて自分の存在に満足したいという欲求です。つまり、ほめられたいのです。あるいは、他者に自分が優れていることをアピールしたい段階です。

マーケティングではこの段階の欲求に注目します。たとえば、ある消費者が自分の社会的な成功をアピールしたいとする。その人は高級車に乗ることで、他者から「成功者」として見てもらおうとする。こうした承認（自尊）欲求を満たそうとしたとき、その手段としてモノやサービスが売れるのです。

では、この第4の段階をクリアしたらどうなるのか？ その場合は、第5段階の自己実現の欲求に進みます。自己実現とは、人が自分の人生においてこうありたいと思う生き方を意味します。この段階ではモチベーションも高く、自主的に行動するのです。もちろん人それぞれに自己実現の内容は異なります。家族と仲よく過ごすことが自己実現の人もいれば、仕事をバリバリこなすことが自己実現の人もいます。いろいろです。

さて、生産チームの3人は仕事の上での承認欲求が満たされたので、次の自己実現の欲求段階に進んだと考えられます。自分らしい生き方、働きがいを求めるのです。自主的にクオリティの高い仕事をしようという欲求です。そういった自己実現欲求の段階にあるメンバーで構成されたチームが優れたチームワークを発揮すると、生産性があがり、クオリティの高い結果を得ることでしょう。

ユキもまた自己実現欲求の段階にきていることがわかります。仕事にやりがいを求めているのです。ユキは、そのことをなんとなく理解しています。それには、人をほめて、認めて、感謝することでよい人間関係を築くことが必要だと。

組織で働くことで社会的（集団）欲求は満たされても、次の承認（自尊）欲求が満たされないと、ずっとそこで足踏みしてしまいます。そのため、生産性の高い仕事にはなりにくいのです。反対に、組織内でメンバー達の承認欲求が十分満たされると、その組織はどんどんクオリティの高い結果をだすことでしょう。よい製品・サービスを提供することでしょう。その結果、顧客満足につながっていくのです。これがインターナルマーケティングの本質なのです。

3

店舗スタッフ

いよいよ新商品が店舗でテスト販売となった。ユキは現場に参加した。「カキ氷Bar」として、2杯目からはおかわり自由のセルフサービスである。お客たちも興味津々である。

実験店舗に勤務する3人のスタッフに、ユキは声をかけた。心からのほめ言葉であった。それを聞いたスタッフたちは、ますますやる気になっていくのであった。

その次の日、なんと店舗の前で起こったことは?

みなさん
よろしくお願い
します！
3、店舗スタッフ
いよいよ店舗で
テスト販売が
始まった
よろしく
お願いします
ホール担当
シェフ
アルバイト
うむ
ですね
一年中カキ氷とは
斬新ですね

さっき試食しました
抹茶ミルク
おいしかったです
ありがとうございます
うれしいです！
カキ氷 Bar
カキ氷？
お客さん
カキ氷って
おかわり
自由なの？
はいそうです
2杯目からは
おかわり自由です

カキ氷 Bar
ちょっとひとクチ
甘いものが
欲しかったんだよねー
シャリ
シャリ
どの味が
おすすめ？
どれでも
お好きなものを
どうぞ
私はグレープが
好きですが

じゃあ
グレープに
してみよう
ありがとう
ございます
今日も笑顔が
すてきですね
あら！
ありがとう
ございます
ショートケーキ
おいしいです！
おっ
うれしいねぇ

いつも頼りに
していますす
えっそんな
照れますー
えーなに？
カキ氷？
カキ氷
Bar
美味しそう
だね
自分の企画が
商品になるって…
なんだか
うれしいなー

次の日
さあ今日も頑張ろう
ユキさん大変です！
カキ氷BARで行列ができているの！
えーっ！

相手を理解してこそほめ言葉の効果発揮

カキ氷シロップの試作が完了しました。いよいよテスト販売の段階になりました。チェーン店の中でひとつの店舗が選ばれました。店舗のスタッフは3人です。ホール担当、シェフ、アルバイトです。それぞれ役割が異なります。

ホール担当は、接客や配膳、テーブルの片づけ、会計を担当します。シェフは厨房で料理や飲み物を担当。アルバイトはホール担当のサポートです。仕事は分担されているので、その内容は異なります。すると仕事上のほめるポイントも違ってくるのです。

ホール担当は接客があります。やはり笑顔が大切です。シェフにとっては作る料理がおいしいかどうかが重要です。アルバイトは自分が頼りにされているか気になることでしょう。ユキは一人ひとりの働きぶりを見て、心からほめ言葉を送りました。3人ともうれしい気持ちになりました。

心理学に「ピグマリオン効果」という理論があります。人は期待されると、その期待にそうような行動や結果をもたらすというのです。たとえば、教育現場で先生がある生徒に、成績が上がることを期待しました。するとその生徒は本当に成績がアップしたのです。期待に応えたのでした。この理論の意味することは、期待されるというポジティブなストロークを受け取ることで、モチベーションが上がり、自主的に課題に取り組んだ結果、成績がアップしたということです。ほめることも相手に期待していると伝えることになります。

もちろん、過度な期待は本人にプレッシャーとなり、ストレスになります。期待の度合いも、本人を見て言わねばならないのです。つまり、どれだけ相手を見ているか、理解しているかという点が重要なのです。

相手を理解していないと、ほめ言葉も的外れになり効果がありません。むしろ、自分を理解してくれていないという気持ちになり、かえって不信感を抱かせてしまう結果になりかねません。ここはとても重要なポイントです。

世の中にはたくさんの「ほめて育てよう」といった理論や説があります。確かに、承認欲求を満たして自己実現欲求に進めばよいのですが、そのほめ言葉がその人に受け入れられているかどうかを見逃してはなりません。人それぞれ価値観が違うように、響くほめ言葉も違うのです。

したがって、お互いに信頼関係や理解が成立していない段階で、相手をほめるということは、「ウソ」をついていることにもなりかねません。とりあえず、「ウソでも相手をほめておこう、そうすればこの場は上手くおさまる」といった偽りのほめ言葉が使われかねません。それはとても危険です。そのウソのほめ言葉は、ポジティブなストロークにはなっていないからです。表面的にはほめ言葉で肯定的な表現になっていますが、心は相手を軽視したネガティブなストロークになっているのです。

そうしたネガティブストロークは受け取った方も違和感を覚えます。「口ではいいこと言っているが、本心は違うな」などと見抜かれてしまうかもしれません。そうなるとますます不信感がつのり、関係性が崩れてしまうのです。

交流分析では、こうした軽視を「ディスカウント」と呼んでいます。本来の価値を値引いて認識するという意味合いです。そこには、人そのものを軽視することにとどまらず、問題の重要さを軽視することも、本人のおかれた状況を軽視することも含まれます。

問題のディスカウントというのは、目の前の問題や課題を過小評価することです。たとえば、明日試験があるのに、勉強せずなんとかなるさといってやり過ごすような場合です。あるいは、学校のクラスでいじめ問題があったとしても、担任の先生はそれを軽くみて、スルーしてしまうようなことです。あとでとんでもない問題に発展するかもしれません。

状況のディスカウントは、たとえば、自分の立場が悪くなったとしても「いままでなんとかなったのだから、なんとかなるさ」という気持ちで真剣に事態の対策を考えない場合です。単に楽観するのではなく、クールな知性も働かせる必要があるのです。

そして、人のディスカウントは相手を軽視する場合と、自分自身を軽視する場合があります。相手を見下すのが前者。後者は、劣等感です。「どうせ自分は役に立たない人間だ」といった自己を卑下する心理がそうです。自己肯定感が低いといえます。

重要なのは、ディスカウントをして物事を見るのではなく、現実を正しく評価することです。過大評価でも過小評価でもなく、そうした目を養うことができれば、人間関係がよくなり、幸せな時間を過ごすことができるでしょう。

4

ヒット商品が出た！

「カキ氷Ｂａｒ」を目あてに行列ができだした。ユキは信じられない思いでいっぱいだった。夢のような気持ちである。

さて、この商品は顧客たちが画像をＳＮＳに投稿して、一気に広まっていった。ハッピーカフェがどんどん有名になっていく。

そのころ社長室では、ある決定がくだされていた。ユキに対して特別の命令が発動された。その命令とは？

たしかに
行列が…
あぜん、、、
4、ヒット商品が出た！
信じられない…
HAPPY CAFE
WAITING LINE
夢みたい
お客さま
みなさん
カキ氷を…

カキ氷 Bar
イチゴミルクにしようかなー
私はアップルにしてみよう
あらー
けっこうヒットしてるかも
ハッピーカフェのカキ氷は…
SNSで一気に広まった
HAPPY

社長室
カキ氷Bar
だが
好評の
ようだね
はいテスト販売では
成功しているとか
特命人事だ
マーケティング部
の方へ
かしこまり
ました

翌日のこと
報告書出さなきゃ
たいへんだあ
予定表
ユキさん
部長が
お呼びだよ
あっ
タチバナ先輩
おはようございます

なんだろう？
カキ氷Barが
好評だから
ご褒美でも
もらえるのでは？
カキ氷
一年分とか
ありえる
かも！
ガーン

部長お呼び
ですか？
ああ
待ってたよ
明日から1ヶ月間
マーケティング部に
行ってもらいたい
出向
だな
マーケティング？
出向？

成功のウラには偶然の出会いアリ

ユキが企画した「カキ氷Ｂａｒ」は、行列ができる大ヒットになりました。テスト販売は成功。この成功の鍵はＳＮＳなどの情報ツールでした。そうしたツールは、消費者自身がコメントや画像を発信できます。つまり、これまでの情報誌や新聞記事とは異なるルートで一般市民に情報が伝わるのです。

ＳＮＳは、雑誌と異なり、リアルタイムで情報が流れます。伝達スピードが雑誌や新聞よりも速いのです。そしてその拡散範囲は、ネットなので無限です。全世界に広まります。その流通範囲も雑誌や新聞よりも広いのです。話題性がある情報は瞬時に広範囲に拡散されます。

今回のカキ氷Ｂａｒは人々の話題となって一気に広まりました。画像もカラフルで見応えがあったことも理由のひとつでした。このヒットは事前に予想できたことでしょうか?

ヒット商品が誕生するまでには、じつはさまざまな偶然が存在しています。その偶然は事前に予測不可能です。人と人の出会いも予期せず偶然におとずれます。その偶然の出会いのことを、「セレンディピティ」といいます。

たとえば、メーカーがヒット商品を開発しようとしていたとします。初期のデジタルカメラで考えてみましょう。そのカメラにパソコン接続用の端子をつけたのです。データを転送してパソコンで処理できるように。そのアイデアをくれた人が、たまたま自分の友人だったとします。その友人との出会いは、まさにセレンディピティです。たまたま偶然、アイデアをくれたのがその友人。その友人との出会いがなかったら、パソコン端子は商品に付属されなかったでしょう。すると、そのデジカメはヒット商品にならなかったといわれています。

セレンディピティは「幸せな偶然」ともいわれています。幸せは偶然の出会いとの連続です。人の出会いだけではなく、著書との出会いかもしれません、お店との出会いかもしれません。この本を手にしたことも、偶然の出会いだったことでしょう。ようするに、じっとしていては幸せにはなれないということです。どんどん出かけて、人に出会って、新しいものごとに触れること。その偶然の出会いから、幸せをつかんでいくのです。

この本が出来たいきさつもセレンディピティです。二人の著者が出会ったのも、偶然あるパーティに出席していたからです。そこで知り合い、この本の出版にいたりました。成功の要素にはこうした偶然性が存在します。

しかし、ただ偶然を待ち望んでいるだけではなく、今なにができるのかを吟味することは重要です。身近にある利用可能なものを最大限に活用して、なおかつ偶然の出会いも大切にしていくのです。成功者の思考はこうしたものです。その思考は、「エフェクチュエーション」と呼ばれています。成功は最初の計画通りには進まないことを成功者はよく知っています。ですから、成功へのロードマップを厳密に描こうとはしません。いま手元にある資源を最大限に活かすことが先決です。

たとえば、北欧で氷のホテルが有名になりました。そのホテルに滞在しオーロラを見ようというツアーがヒットしました。このアイデアは、偶然、ひとりの企業家が日本をおとずれ、雪で出来たかまくらを見たことがきっかけです。その人は、「地元の北欧にも雪や氷がたくさんある。かまくらのような施設をつくれば、観光客が喜ぶのではないか」と思いました。そして北欧のオーロラも資源と考えました。身近にあるものを最大限に活かして成功したのです。しかも彼が日本でかまくらを見たのは偶然です。これがエフェクチュエーションのエッセンスです。

ユキはカキ氷を思いつきました。機械も市場で手に入る、材料は水だけです。そしてドリンクバー方式は、カフェの既存のスペースで実現可能です。店内の工事も不要でした。しかもセルフサービスなので、追加のシェフも必要ありません。つまり、今ある資源を最大限に活かしたことになります。

しかも、ユキが新商品開発の会議に出席できたのも偶然です。彼女に社命をくだしたのは、ハッピーカフェのヤマシタ社長です。この社長との出会いがなければ、ユキはその開発会議には参加していなかったでしょう。

そしてさらに、社長はユキに特命人事を発令しました。マーケティング部への短期出向です。こうした機を見るに敏な社長との出会いが、ユキの自己実現を後押しするのです。自己実現は一人ではできないのです。多くの偶然の出会いによって実現するのです。「これは」と思える出会いは一生ものです。その偶然の出会いを大切にできるかどうか。成功に秘訣があるとすれば、それなのです。

5

カフェの人気上昇中

ユキは特命人事を受けて、マーケティング部に出向となった。そこでは新プロジェクトが進められていた。

ユキはそのメンバーに配属されたのである。そのミッションは「インターナルマーケティング」と呼ばれた。従業員満足から顧客満足へ導くことだという。

そのプロジェクトのさなか、顧客からクレームの電話がコールセンターに入った。ユキたちはさっそくその原因の調査を開始した。

そこでわかったことは……

はじめまして
サワグチユキです
よろしく
お願いします
5、カフェの人気上昇中
ハッピーカフェ
マーケティング部
こんにちは
部長のシマダです
よろしくね
新プロジェクトの
メンバーを紹介
するわ
サカイ
です
オクダ
です
サトウです

新プロジェクトが
スタートした
がんばりましょ〜
よろしく〜
そう従業員満足から
顧客満足へ導くことさ
そのミッションは
インターナル
マーケティング?
これは社長命令の
プロジェクトだから
会社は本気よ
この5人でわが社の
インターナルマーケティング
実現させると言うわけ

社内では
従業員満足に
つながる
企画が次々
あいさつ
笑顔
ほめる
プラス思考
ありがとう
認める
実行されて
いった
うわぁ
頑張ります
ハッピーカフェは
人気急上昇
グルメサイトの
カフェランキング
２位になったよ
HAPPY CAFE
その実践が
より良い商品や
サービスを生む
おいしかった
ねー
うん
え？クレーム？
そんな中で
ハプニングが
起きた

すぐに
調査して
わかりました
はい
本社のコールセンターに
電話があったの
コールセンターの
記録では
クレームは
若い女性からでした
はい
オーダーからサーブの
時間が遅いと
いうことでした
遅い？

シェフが
新人？
マネージャーに
話を聞くと
今から
その店に行って
現場を確認しよう
マネージャー
はい
先週から新しく
入ったのですが
まだ慣れないことが
多いので…
新人シェフに
聞いてみると
研修で習ったことと
違うことが多くて

シェフのサポート体制を
強化してみるのは
どうでしょうか？
たしかに
そうだな
あのクレームが
いいきっかけに
なったわね
はい
これがきっかけで
シェフのサポートが
強化された
新人
ベテラン
こうすると
うまく
いくよ
なるほど〜
ところでユキさん
あなたの出向が
1ヶ月延長されたわ
第2プロジェクトが
スタートするわよ
えー！

従業員満足(ES)が顧客満足(CS)につながる

ユキがマーケティング部に特命で配属されました。シマダ部長以下、5名で結成される新プロジェクトが待っていました。そのプロジェクトのミッションが、インターナルマーケティングだったのです。従業員満足(ES)から顧客満足(CS)に導くことです。

このプロジェクトは社長命令ということも知り、ユキはテンションが上がりました。プロジェクトでは、社内の従業員満足をアップさせるための企画が次々に実行されていくのでした。

たとえば、あいさつ。Aさんが「おはよう」と言ったら、Bさんも「おはよう」と言う。この一連のやり取りがあいさつだと一般的には理解されています。しかし、厳密にいうならば、Aさんの「おはよう」はあいさつです。しかし、Bさんの「おはよう」はあいさつではありません。Bさんの「おはよう」は、厳密にいえば、「返事」なのです。先に言った方が「あいさつ」なのです。

すると、あいさつができる人というのは、自分から率先して言葉を出せる人なのです。相手の出方をうかがって、相手が「おはよう」と言うのを待ってから自分が言うのは「返事」に過ぎないのです。受け身ではあいさつになりません。自主性が問われているのです。自分から心を開いて、人との関係を作っていく姿勢が求められているのです。

他には笑顔。笑顔で相手に接するという社内企画を実行しました。笑顔というのは、ポジティブなストロークなのです。そのストロークを受け取ると、自然に笑顔になっていきます。これは、「返報性の法則」とも言われています。この人間社会では、返報性の法則が鉄則なのです。借りたものは返さなければならない。あいさつされたらスルーしてはいけない。といったものです。非常に厳しい掟ともいえます。この掟に違反すると、制裁が加えられたりします。借金を返さないと訴えられたり、あいさつを返さないといじめに発展したりするのです。

プラス思考も重要です。同じ局面を見ても、マイナスととらえるかプラスととらえるかで、結果に影響が出てきます。たとえば、忘れっぽい人がいたとします。大事な約束を忘れていました。そこで、怒るのではなく、その人を「おおらかな人」と考えるのです。心理学では「リフレーミング」と呼ばれています。その流れでいえば、「切れやすい人」も「情熱的な人」ととらえることができます。「優柔不断」なのは「慎重」とも考えられます。「計画性のなさ」は「臨機応変」、「飽きっぽい」のは「好奇心旺盛」ともいえるでしょう。

今の状況がよくない場合であっても、「いい経験をさせてもらえている」と考えれば、前向きなアイデアや行動力が出てきます。反対に、マイナス思考に陥ると、思考停止してしまうのです。目の前の事態は改善できなくなります。手ごわい課題にチャレンジする勇気、それはプラス思考が生みだすのです。

ハッピーカフェの社内の雰囲気がよくなるにつれて、それがお客様にも伝わり、人気が上昇してきました。そんななか、ハプニングが起こったのです。コールセンターにクレームの電話が入ったのです。

ユキたちが調査すると、わかりました。お客様がオーダーしてから、テーブルに運ばれるまでの時間がとても遅いというものでした。この原因は、新人シェフに余裕がなくなっていたからでした。そこで、ユキはベテランのシェフが定期的にサポートできる体制を提案しました。その結果、新人シェフが仕事のコツをいちはやくつかめて、問題は解決に向かいました。

さて、ここでひとつ重要なテーマがあります。「なぜ人は待たされると怒るのか」心理学に「従属の効果」という理論があります。人は待たされると「下に見られている（従属の立場）」と思い込み、怒るのです。歴史的に見て、たとえば王様は家来を待たせます。待たされるのは家来。立場が下の者が待つのです。その発想が根深いので、お客様は待たされると、なんだか家来になったような従属的な心理になります。すると「下に見るとは何事だ！」と怒るわけです。

ですから、相手にどうしても待ってもらう場合は、「少々お待ちください」と伝えることです。そして、それほど待たせてなくても「お待たせしました」と言葉をそえるのです。それは、相手を見下していないという姿勢の表現なのです。

きびきびと行動する人は、だらだらしている人よりも評価されやすいのです。相手を少しでも待たせては悪いという気持ちが伝わるからです。相手を待たせても平気で、だらだらと行動していると、相手は自分を大切にしてくれていないのだと思うのです。

つまり、相手を大切にするということは、相手の時間を大切にすることでもあるのです。

3章

コミュニケーションが社会の最小単位

1

「ありがとうメッセージ」

マーケティング部のプロジェクトメンバーによる新しい企画がスタートした。

「ありがとうメッセージ」である。これは、日ごろの感謝を言葉にして本人に渡すものである。文字を介したコミュニケーション。

同僚同士でも、上司に対しても使ってよい。

ユキはさっそくこれまでにお世話になった社員の方々に、メッセージを渡していった。

すると社内は……

コミュニケーション
プロジェクト？
1、「ありがとう
メッセージ」
人と人
企業と顧客
企業と地域の
コミュニケーションよ
そうコミュニケーションが
社会や現実を
つくってゆくの

了解です
じゃあ
あとよろしく
どうすれば
活性化するか
人と人の
コミュニケーション
メンバーの
出した決定は
「ありがとう
メッセージ」に決定

うんうん
とっても
わくわくです！
ありがとう
メッセージとは
タチバナ センパイ
いつもありがとう
ございます！
おかげさまで
絶好調です！ユキ
カードに感謝の
気持ちを書いて
相手に渡すもの
いつもやさしい
シマダ部長
いつもいろいろ教えて
頂きありがとうございます
いつもわくわくです ユキ
メグミさんへ
あれ？
カードがある
うん
うれしいねー

直接渡してもよし
ありがとう！
あっメグミさんからメッセージ
うれしいねー
机の上に置いてもよし
そうだ
ヨコヤマさんに
メッセージ出そうっと

机の上に
メッセージ…
ヨコヤマさん
新人研修では
お世話になりました
毎日がんばってます! ユキ
ユキさん
からだ
うれしい
なー
生産チームの
3人にも
うれしい
なー
あらー
フクイリーダーへ
企画の採用
ありがとう
ございました
ユキ
これは
いいなー

ありがとう
メッセージです
社長室
実に
うれしいね
メグミさんから
メッセージだ
うれしい
ねー♡
ハッピーカフェの
社内は
とっても
ハッピーだなー!
ありがとうで
いっぱいに
なってきました

100回の「ありがとう」でポジティブな現実を作る

この社会はコミュニケーションによって成立している。そう考えたのが、社会学者のルーマンです。彼は社会を自律的なものだと考えました。どんどん自分で成長していくイメージです。それは植物に似ていると考えました。植物の細胞がどんどん変化して、植物そのものが成長していくのです。

この考え方は「オートポイエーシス」といいます。それは、従来の社会学とは異なった主張をしていました。従来の社会学では、個人が社会の最小単位で、一人ひとりには目的があるといいます。その目的は一人では達成できないので、集団で行為することで目的達成が可能になるという発想です。

しかし、ルーマンはそうではなく、コミュニケーションを社会の最小単位だと考えました。すると、個人の目的とは無関係の現実が生成することが説明できたのです。たとえば、会話のなかで相手の真意を取り違えて誤解し、ケンカに発展するというのは本来の目的とは外れた現実です。現実は時として思ってもいない方向に進んだりします。ルーマンの狙いはそうした現実を説明することでした。

植物というのは意思を持たずに成長していきます。社会もまた個人の意思とは無関係に進むといえるでしょう。社会は自己増殖的に大きくもなり、やがては衰退します。では、なぜ社会が植物のように自己増殖が可能かというと、コミュニケーションが次から次へと連接していく特徴を持っているからです。その連接のあり方が、ＴＰＯによって千差万別なので思わぬ方向へと進んでいくのです。

たとえば、ひとつのうわさがどんどん広がり、ネットサイトで炎上するという場合を考えてみましょう。何気ないうわさ話に尾ひれがついていく、ネットに参加する人々がそれぞれ勝手な解釈で意見を述べ、さらに反論が繰り返され、エスカレートしていくのです。もはや個人の思惑とは違う方向に進み、誰も止められないようになります。

つまり、連接のあり方が重要なのです。もしポジティブな解釈のもとに進むコミュニケーションなら、おそらくケンカのようなことにはならない。しかし、ネガティブな言葉、相手を傷つけるような言葉が発せられると、そのやり取りはとてもネガティブなものに発展しかねない。マンガの中では、ユキが「ありがとうメッセージ」というポジティブな言葉を発することでポジティブな現実を作っていることがわかります。

脳というのは面白いもので、「ありがとう」という言葉を１００回連続的に声にして発すると、脳は100個の感謝を探し出すというのです。たとえば、朝起きた時、すぐに100回「ありがとう」と声に出します。すると一日中、ありがとうに相当する出来事を探してしまうのです。朝ごはんを作ってくれた人にありがとう、食材を作ってくれた農家の方にありがとう、通勤電車の会社にありがとう、など。

その理由はこうです。ムリに100回も「ありがとう」と声にしました。脳は混乱します。ありがとうと言いたい現象が起きているわけではないのに、どうして「ありがとう」なのかわからないからです。そして、合理的な理由や説明がないので不安定になります。すると、ありがとうの理由を探し始めるのです。

脳は、口にした言葉が不合理であることを認めたくないので、合理的行動、つまり「つじつま」を合わせようとするのです。ですから、100回ありがとうと言うと、100個の感謝の出来事を探し、つじつまを合わせようとするのです。これを毎日の習慣にすればどうなるでしょうか？　きっと素敵な毎日がやってくることでしょう。

予言の自己成就というのは、まさにこのことなのです。人は、つい予言どおりに行動してしまうのですね。

2 すてきな笑顔

「ありがとうメッセージ」の効果は絶大であった。社内に笑顔があふれだしたのである。

笑顔で笑顔が生まれていった。

感謝のコミュニケーションが広がることで、とても心地よい環境が整っていくのであった。

感謝は肯定的ストロークであるとユキは教えられた。それは、相手を否定しないポジティブなやり取りである。そして、笑顔もまた肯定的ストロークと知る。

その会話から、画期的な新プロジェクトのアイデアが生まれた……

ありがとうメッセージ
大好評ですね!
2、すてきな笑顔
アルバイトでも喜んでもらえているよ
うん、店舗でもうまくいってるね
すごい効果ですよね
各店のマネージャーも笑顔が増えてきたって言ってます

店内が明るく
なりました
お客様も
笑顔がいっぱい
笑顔で笑顔が
生まれる
感謝って
肯定的ストローク
だから
いいよね
Bar

ストロークとは
人と人のやり取り
のこと
肯定的
ストローク？
ポジティブな
肯定的ストロークと
ネガティブな
否定的ストロークが
あるの
否定的ストロークは
「ダメ」とか怒りとか
の言葉や…
表情や態度も
含まれるの

あまり使いすぎると
人との関係性が
壊れてしまう
というわけ
確かに
そうですね
ダメとか言われたら
ショックで
ヘコみます
肯定的ストロークは
笑顔もそうなんだ
笑顔ってとっても
大事なんだよね

もう一つ
条件付きストロークと
無条件ストローク
という分類も
あってね…
条件付きというのは
能力があるとか
外見がいいとか
承認に値する
条件付きのストローク
「頭がいいからすごい」とか
無条件ストロークと
いうのは？
その人の存在自体
ウェルカムなの

一緒にいてくれる
だけで感謝とか
あっいいこと
思いついた
第3プロジェクトは
題して
スマイル
キャンペーン
スマイル
キャンペーン！
なんだか
わくわくです！

笑顔の肯定的ストロークで関係性向上

笑顔でにっこりするというのは「言葉」ではなく「表情」です。これは非言語と呼ばれています。この非言語にはとても大きなパワーがあります。なぜならそこには「意味」が込められているからです。

相手にニッコリと笑顔を送るというのは、優しさや親しみといった意味を込めることができるのです。ストロークというのは、言葉のやり取りだけでなく、意味を含んだ非言語のやり取りも含まれます。

一般的に笑顔は、よほどの事情がない限りポジティブな意味でやり取りされます。肯定的ストロークです。すると、お互いに気分が良くなり、関係性は前向きに進んでいきます。

しかし、その逆の場合はどうでしょうか。「しかめっつら」を相手に送ると、その相手はハッピーな気分にはなれないでしょう。これは否定的ストロークです。それは相手を歓迎していない意味あいを含んでいます。関係性はネガティブなものになるでしょう。

さて、ストロークにはそれら以外に「条件付きストローク」と「無条件ストローク」があります。

条件付きストロークとは、なんらかの条件をプラスして相手をほめたり、評価したりするものです。たとえば、「君は頭がいいから素敵だ」「君は宿題を忘れたからダメなやつだ」という具合です。肯定的な表現も否定的な表現も、両方あります。

条件付きで肯定された表現の場合は、その条件がなければあまりポジティブな印象を受けないことになります。先の例でいうと、「もし頭が良くなければ、素敵だとは思わない」ということになりかねません。つまり、人は必ずしも条件付きストロークをウエルカムとしているとは限らないのです。

その一方、条件付きで否定的なストロークでは、教育的指導の目的ではよく使われます。先の例でいうと、「宿題をさぼらなければ、ダメなやつではない」という意味になるでしょう。

さて、無条件ストロークとは、条件なしで相手のことをほめたり、評価したりするものです。たとえば、「あなたといると、幸せな気分になります」といったもので、特別な条件がない場合です。これは、相手の存在自体をウエルカムとしているので、条件付きストロークよりもパワーがあるのです。人が言われてうれしいのは、この無条件ストロークの肯定的表現なのです。

そして、とくに条件を付けずに笑顔をかわす場合は、非言語ストロークでかつ無条件、肯定的なストロークというわけです。

一方、無条件で否定的な表現は、相手の存在を完全に否定したものです。「無視する」というのがこれにあたります。言葉で表現するならば、「君の存在自体がゆるせない」という具合になると思います。もしこうしたストロークを相手から受けたら、大きなショックになると思われます。

さて、日常生活ではこの無条件ストロークをなかなか人から送ってもらえない場合、自己肯定感の低下につながります。自分がこの世に存在していることに不安や疑問を感じてしまうかもしれません。

その場合、自分で自分に無条件ストロークを送ることが有効です。脳は人称を理解できないのです。自分で自分に肯定的な無条件ストロークを送ると、だれかにほめられたり認められたりしていると脳が錯覚するのです。

笑顔の練習を鏡で毎日するということは、自分で自分に笑顔を送るということ。毎日、笑顔という肯定的な無条件ストロークを受け取ることになります。

もちろん、声に出して自分にストロークを送ってもよいのです。「わくわくする人生だなあ」「私ってイケてるよねー」といった存在の肯定です。自分の声を自分で聞くのです。これも先の「予言の自己成就」です。脳は合理的な行動をしようとします。「わくわくする人生」だと言えば、そうなるように思考が動きだし、行動をはじめます。「イケてる」と言えば、自分がそうなるように脳は動き出します。

思考が実現するとは、こういうことです。

その逆に「自分はなにをやってもだめだ」「ぱっとしない人生だ」などと言っていると、本当にそうなります。脳は合理的に動き出します。

ですから、普段からポジティブな言葉を口にしたいですね。

3 チェーン展開順調

ハッピーカフェは全国に25店舗。そして次の年は一気に倍の50店舗まで拡張することになった。

その計画とのコラボレーションとして、「スマイルキャンペーン」も実施されることになった。

スマイルキャンペーンとは、全店舗が地域のイベントに参加する試みである。3号店では、ユキの同期メグミが担当マネージャーとして赴任していた。

3、チェーン展開順調
全国に 50店舗？
そうなの 現在 ハッピーカフェは 全国25店舗
来年は一気に 50店舗まで 増やす計画よ
すごい 展開ですね！

そこで50店舗計画に
スマイルキャンペーンが
コラボすることに
コラボ？
全国のチェーン店で
地域コミュニティーと
コミュニケーションしていくの
つまり…
企業と地域が一緒に
スマイルを広めるキャンペーン

全店舗が地域の
ボランティアやイベントに
参加するの
楽しそう
ですねー
各店舗に
コミュニティ担当の
マネージャーを設置
同期の
メグミ
地域の方々と
触れ合う機会を
増やしていきます
お祭りへの参加
ボランティア活動
ドドン
ドドン
市民まつり
市民まつり
地元FM局のスポンサー
各種イベントに参加

スマイルキャンペーン
好評ね
はい
おかげさまで
一度地域のイベントに
参加してみたいです
なるほど
それもいいわね
ではユキさん
出張してきて
まずは5店舗
はい

児童館まつり？
ユキは3号店に出張した
地元の児童館でお祭りがあってね
3号店のコミュニティ担当マネージャーはメグミ
そうなの
なんだかわくわくします
ハッピーカフェはコーヒーサービスで参加するの

ヤマムラ児童館
にて打ち合わせ
という流れで
お願いします
ヤマムラ児童館
ホンダ館長
当日を
楽しみに
しています
よろしく
お願いします！

マーケティング活動で顧客ロイヤルティを高める

ハッピーカフェはスマイルキャンペーンを開始しました。この活動も広い意味で、マーケティング手法の一つです。ソーシャルマーケティングといいます。ソーシャルマーケティングは、営利目的だけを重視するのではなく、福祉的な貢献を果たすことで市民（潜在顧客）に好意をもってもらう考え方です。

そこでユキたちは積極的に地域コミュニティに出向き、ほめ言葉や笑顔といった肯定的ストロークを発信し、その地域が明るくなればという貢献を果たそうとしているのです。

地域の市民は潜在顧客です。ハッピーカフェを利用した経験のない人がたくさんいます。その人々がハッピーカフェに好意を抱いてもらわないと、お店に足を運んではくれません。広告やチラシだけでは、そう簡単に好感度がアップしないと思われます。

そこで、地域の活動に参加し、一緒に時間を過ごすことでハッピーカフェに対するブランド想起を容易にしようという発想です。

「ブランド想起」とは、消費者があるカテゴリーを前にしたとき、すぐに思いつくブランド名のことです。たとえば、「コーヒーショップ」と聞いてすぐに思いつくお店の名前が「ハッピーカフェ」かどうかということです。

もちろん複数の名が浮かぶかと思われます。一般的には3つくらいのブランド名が思い浮かびます。消費者はその3つくらいの中から、どれにしようかという選択をします。つまり、ブランド想起の段階で、選択肢に入っていなければ選んでもらえないのです。ブランド想起のトップ3にランキングするのは、とても重要なテーマです。

スマイルキャンペーンは「コーヒーショップといえばハッピーカフェ」という具合に、一番はじめに想起されるよう地域の市民にアプローチをかけているのです。市民にとってみれば、イベントでよく一緒に参加しているコーヒーショップという認知度が高まれば、まっさきにハッピーカフェが想起される可能性が高まります。

こうして、ブランド想起ナンバーワンを地域レベルで展開し、それを全国的にチェーン展開するというのがハッピーカフェの戦略です。

マンガの中でユキとメグミは、ヤマムラ児童館を訪れました。年に一度の児童館祭りにボランティアで参加するためです。ホンダ館長は地域とのつながりを大切にしています。児童館というのは、18歳までの青少年は誰でも利用できる施設というのが理念です。その青少年や家族というのは、地域の市民です。こうした地域とのつながりによって、児童館の利用者を確保していくというマーケティング活動とも考えられます。

マーケティング活動は、営利企業だけでなく非営利組織（学校や病院など）にも必要な活動になってきています。学校や病院にも名声あるいはブランド性があります。評判のよい学校には生徒が集まり、評判のよい病院には患者が訪れます。そうしたブランド性をいかに高めるのかという点は、まさにマーケティング活動です。

そして、再利用してもらうという点、リピーターの確保もまた重要なマーケティング行動です。何度もリピートで利用してもらえることを「顧客ロイヤルティ」といいます。ロイヤルティというのは「忠誠心」のことです。

顧客ロイヤルティを高めることは、多くの利益につながります。たとえば、児童館でも利用する子どもたちが満足するなら、その子の弟や妹も利用するということになるでしょう。その家族はリピーターということになります。

リピートというのは「また利用したい」「また会いたい」という気持ちの表れです。脳の話をしましたが、快いものは繰り返したくなるのが、脳の機能です。快い気持ちになっていただく。これが顧客ロイヤルティを高めるエッセンスです。

居心地のよい状態を提供してくれる存在がウエルカムだと考えると、ハッピーカフェで過ごす時間や空間がそうでなくてはなりません。居心地よく過ごしていただくために、笑顔や感謝の言葉、ほめ言葉などが飛び交う空間であることが求められるでしょう。あるいは、壁に飾られた絵画や、ＢＧＭも快い印象を与えるものが必要でしょう。または、食器類など手に触れるものの手触りや使い勝手も重要なポイントです。

4

地域コミュニティ

ユキとメグミはヤマムラ児童館のお祭りに参加した。ハッピーカフェのコーヒー・紅茶サービスである。

ユキたちのスマイルが地域に伝わり、コミュニティにスマイルが広がっていくのであった。

そうして、ハッピーカフェの名は全国に知られるようになっていく。

さらに、地域のボランティア活動にも積極的に参加し、スマイルキャンペーンは成功をおさめた。そんなある日……

ヤマムラ 児童館
ワイ
ワイ
4、地域コミュニティ
ハッピーカフェ
コーヒー紅茶サービス
たくさんの人が集まりましたね
本当にすごい賑わいだね
コーヒーください
いらっしゃいませー
ービス
どうぞー
私は紅茶にしよう

コミュニティに
スマイルが
広がってゆく
スマイルが
コミュニティに
伝わってゆく
それが
評価されて
ハッピーカフェ
ーヒー 紅茶 サービス
地域に根ざした
企業活動
ハッピーカフェの名は
全国に広まっていった
いらっしゃいませ!

本日は
よろしく
お願いします
地域のボランティア
活動も開拓した
公園の掃除
車イス講習会の
お手伝い

公園に花を
植えたり
川でゴミ拾い
山では
植林活動

本社にて
ボランティアに参加してどうでした?
はいすごく勉強になりました
みんなで助け合って生活することが
大切だと実感しました
そうね企業も社会的責任を問われているから

そうCSRとも
いってね
社会的責任？
聞いて
聞いて
スマイルキャンペーン
人気投票の結果出たよ
企業も社会の
一員として責任ある
行動が必要なの
なるほどー
ユキさんが
すごいことに！
え？

人も企業も第一印象が大事

ハッピーカフェは、地域コミュニティの活動に積極的に参加しています。その目的は単なる営利の追求ではなく、企業の社会的な責任（ＣＳＲ）を果たすことです。

ＣＳＲとは、倫理的な観点から自主的に社会に貢献することをいいます。企業も地域のメンバーの一員だと考え、その地域のよりよい発展のために行動する責任を負っているのです。身勝手な営利追求の考え方はあらためなければならないという発想です。

もちろん、企業なので営利を追求するのですが、地域の利益を無視してはなりません。その点が倫理的ということです。

企業の利害関係者のことをステークホルダーと呼びますが、これには株主、顧客、政府、従業員とその家族などが含まれます。地域の関係者もステークホルダーです。

こうしたステークホルダーとの関係性を健全なものにすることが、企業の責任ということです。

さて、社会的な責任を果たすことで人々から名声を得られるとすれば、その企業の好感度が高まることはイメージしやすいでしょう。このイメージはとても重要です。

確かにイメージのあり方というのは、人それぞれ違っていてあたりまえです。具体的なイメージに差はあっても、それらがどれだけポジティブであるかという点が大切です。

そこで脳の機能について、補足しておきましょう。人の脳は「快・不快」を敏感に察知します。快なものはウエルカムなので、喜んで受け入れられます。しかも繰り返しその快を手に入れようとするのです。本能的に「快を繰り返せよ」と脳は命令を出すのです。

その快は人によってさまざまです。たとえばお酒を飲むことがその人にとって快であれば、飲酒をなかなかやめられないでしょう。もし飲酒が不快な人であれば、お酒から距離をおこうとするでしょう。脳は「不快なものは遠ざけよ」と命令するのです。

この考えをあてはめると、企業の存在は、人々にとって快か不快かによってその運命が左右されることになります。もし、社会的に不快な存在だと認知されてしまうと、もはや企業は生き残れないでしょう。

ハッピーカフェが笑顔という快のイメージで歓迎されるならば、人々に受け入れられ、発展する可能性が開かれるのです。

その快・不快は人間関係にもあてはまります。一緒に過ごして快い関係であれば、繰り返し会いたいと思うでしょう。その逆に、不快な時間を過ごさなければならない場合は、その関係は崩壊してしまいます。もしくは疎遠なものになるでしょう。

「また会いたい」と思ってもらえるかどうか、それはとても大切です。笑顔は動画や写真よりも、フェイストゥフェイスの方がパワーがあります。直接会うことの方が、圧倒的に多くの情報が行き交うからです。直接会っての笑顔は、より強大なパワーで快さが相手に伝わります。

サービス分野の専門用語に「真実の瞬間」というのがあります。これはある飛行機会社の社長の言葉です。航空機サービスが再度利用されるかどうか、それはスタッフの対応に左右されるのであって、飛行機の性能や業務システムではないといいます。仮にCA（キャビンアテンダント）の顧客対応が一人に対し15秒程度であっても、その15秒で顧客は「この航空会社を選んでよかった」と感じるのです。その逆もあります。つまり、この15秒で顧客の脳裏にイメージが刻まれるのです。

ハッピーカフェのスタッフが顧客に接する場合も同じです。はじめの15秒でまた利用したいかどうかに影響を与えるなら、それは真実の瞬間になります。地域への参加も同じです。とてもいい印象で地域に迎えられたなら、それも真実の瞬間になり、「今度ハッピーカフェを利用しよう」という考えが脳裏に浮かぶのです。

このように、店舗や地域で「顧客接点」を真実の瞬間にしていこうというのが、ハッピーカフェのサービス戦略なのです。

5

ユキが好感度ナンバーワンに

スマイルキャンペーンでは同時にアンケート調査も実施していた。それは、ハッピーカフェのスタッフの好感度調査であった。

その調査結果、全国ナンバーワンの好印象のスタッフはユキであった。

驚くユキに、広報部の担当者が告げた。好感度ナンバーワンスタッフは特典として、会社のテレビCMに出演するという。

ユキはそれを聞いてびっくり。

さて、その撮影本番では……

5、ユキが好感度No.1に
好感度No.1はユキさん
えー！
予定表
スマイルキャンペーンは全国でアンケートも実施してきたの
どういうことですか？
イミがわかりません…
全国の店舗でお客様にリサーチしたの「好印象のスタッフは誰か」ってね

ユキさんが全国でダントツ人気No.1よ
めちゃくちゃうれしいです！
失礼しまーす広報部のミヤシタです
フジタニです
あっ来た来た！
では早速説明してあげて
了解です
好感度No.1のユキさんには
特典として…
わが社のテレビコマーシャルに出演してもらいます
は？

CM撮影当日
はい、本番
いきまーす
はい
スタート！
にっこり！
めちゃくちゃ
キンチョー！
ハッピーカフェの
良いところ

カキ氷Bar
おいしい
ドリンクと
デザート
すてきな
スタッフ
そして
お客様の笑顔！

一発で
OKよ
ユキさん
すごいね
はいカット
オッケーでーす
ほっ
きゃ
いつも通りに
しただけです
うまくいって
よかったです
このCMはテレビで
全国に放送された
ハッピーカフェの
いいところ

すてきなスタッフ
あっ、この間の
ボランティアさんだ
アンケートに書いたな
おいしいドリンクとデザート
今度行って
みようか
うん
これは
いいねぇ
もちろん社長の
目に留まります
そして
お客さまの
笑顔!
その頃ユキは
社内ですごい話に
なっている事を
さって
お昼は
何食べよっかな〜〜
知る由も
なかった…
NY店長の件は
この線で行こう
かしこまり
ました

笑顔の習慣が第一印象を決める!

心理学の専門用語に「単純接触効果」があります。この理論は、人は会えば会うほど好感度がアップするというものです。たとえば、TVのCMを一日に何度もオンエアするというのは、商品の好感度をアップしようという表れです。

この理論を応用すると次のようなことがいえます。

セールスパーソンが顧客に月に一度会うよりも、毎週訪問する方が好感度がアップし、「せっかくだから買ってあげよう」という気持ちになりやすいのです。繰り返し目にすることで、愛着がわくのです。これは人に対してだけでなく、モノに対してもそうです。

ただし、この単純接触効果が成功するためにはひとつ条件があります。それは、「第一印象がよいこと」です。第一印象がよい人は、次にまた会いたいと思われやすいのです。しかし、第一印象が悪いと会えば会うほど好感度はダウンします。実にもろ刃の剣ですね。

したがって、TVのCMでは第一印象のよいタレントが起用されます。これは鉄則です。もし第一印象の悪いタレントであれば、見れば見るほど不快な気分になり、その商品イメージは最悪なものになるでしょう。

今回のハッピーカフェの場合、スマイルキャンペーンの一環でアンケートが実施されました。「好印象のスタッフは誰か」というものでした。その結果、ダントツでユキがナンバーワンに選ばれました。第一印象のよいユキはさっそくCMに起用されることになりました。

この第一印象をよくすることは、たとえば就職の面接においては見逃せないテーマです。仮に、ある企業の面接試験が3次面接まであるとしましょう。1次面接の合格者は2次、2次の合格者が3次（最終）面接に進みます。

この最終面接で1名が合格するとします。そこに10名の候補がエントリーしました。まず、1次面接では10名が第1位から第10位までランキングされます。そのうち上位5名がパスしました。この時、第一印象のよい順にランキングされているというわけです。次に2次面接では5名のうち3名がパスします。通過した3名は、じつは1次面接でも上位トップ3だった確率が高いのです。そして最終面接で1名が合格。この人物は、やはり、1次でも1位通過、2次でも1位通過していたりします。

つまり、最初の第一印象のよい人物は、何度会ってもよい印象なので、好感度はどんどんアップします。逆転現象はまずないといえます。たとえば、1次で5位通過し、2次では3位通過し、最終面接で逆転1位合格というのは非現実的なのです。そうした逆転合格はドラマの中の物語なら面白いのですが、現実にはそうならないと思われます。それほど第一印象の結果は強烈なのです。

その理由としては、面接官側にあります。「一貫性の法則」という心理学の考え方があります。人は、自己否定するのが苦手なのです。「Ｙｅｓ」と言っておき、次に「Ｎｏ」という態度の変更には抵抗を感じるのです。1次面接で第1位でランキングして、2次では5位にするという変更は、一貫性がないということで抵抗感を感じるのです。したがって、1次で1位なら、2次でも1位、最終でも1位と一貫した評価をする方が、面接官は心理的に楽なのです。

この一貫性の法則は説得コミュニケーションにも応用されています。その一つとして、相手を説得する場合、小さな「Ｙｅｓ」を積み重ねて最後に本命の依頼ごとに「Ｙｅｓ」を言わせるテクニックがあります。「段階的説得法」といいます。たとえば、セールスパーソンが「パンフレット1枚だけでも見てください」と手渡します。相手がもしパンフレットを受け取ったら「Ｙｅｓ」ということになります。そこでセールスパーソンは、「1分でいいので軽くお話しだけいいですか」ともちかけます。そこで「Ｙｅｓ」となれば、1分後に「あと3分お時間いいですか？」と言って、本題に入って商品説明していきます。相手は最初に言った「Ｙｅｓ」のあと、次の依頼ごとに「Ｎｏ」と言い出せなかったのです。結局、最後まで話をきくと、よさそうな商品だったので購入してしまったということが起こります。

このセールスパーソンも第一印象には気をつけていることでしょう。いかにも怪しげな見た目であれば、相手は警戒してパンフレットさえ受け取らないはずです。この場合も、自然な笑顔が重要です。そう、「自然」な笑顔です。つくり笑顔ではないのです。その場限りのつくり笑顔ではない。ということは、普段の日常レベルで、にこにこした笑顔で過ごしていることが大切なのです。

面接に合格するには、毎日の笑顔の習慣が決め手になるのです。

4 章

顧客満足度
ナンバーワンを実現！

1

顧客満足度ナンバーワンに

全国のカフェ業界でハッピーカフェは顧客満足度ナンバーワンを達成した。

ユキはこの成果は「褒め言葉カード」のおかげだと考えている。自分のこれまでの考え方を大きく変えてくれたのが、このカードだったからである。

とくに、自分と他者では価値観が違うことをあらためて納得し、そのうえで信頼関係を作ることが大事だと実感した。

この信頼関係ができないうちは、ほめ言葉の効果もないことを理解していくのであった。

なるほど
とても勉強に
なります
1、顧客満足度
No.1に
どういたしまして
ユキさんの活躍は
ほんとにすごいよ
お役に立てたなら
うれしいです

予定表
カフェ業界で
顧客満足度は
No.1になったし
はい
うれしいです
確かにスタッフの
満足が顧客満足に
つながったね
特に褒め言葉カードの
研修は参考になりました
例えば

「どちらが好きですか実習」です
うん、あれだね ユキさんは 山と海のどちらが 好き？
私は山が好きです なぜなら
空気が爽やかで 気持ちいいからです
僕は海が好き スキューバダイビングが 趣味なんだ
じゃあ 都会と田舎は どちらが好き？

私は都会です
理由は買い物とか便利だからです
僕は田舎だな空気が綺麗で緑があるから
うどんとそばはどうですか?私はうどんですもっちり感が好き
僕はそばのどごしが好き
全然違いますねー

はいそれで
いいんですよね
価値観はみんな
違うんだよね
理由も大切
でしたよね
そうお互い違って
当たり前をまず
知っておくこと
好きなことを
話していると
心がうれしく
なってきます

お互いを知ることで信頼関係が生まれるんですね
好きな話はしやすいからね
まずは信頼関係ラポール作りが必要なんだよね
ラポールがないとほめ言葉が違う意味に取られかねない
つまりお世辞と受け取られたり傷つける言葉だったり
ほめ言葉って本当に奥が深いですね！

相手のタイプを理解して信頼形成

人それぞれ価値観は違います。一般的に「違う」という意識はあったとしても、どれほど違っているのかを実感することは別のことです。ユキたちは「ほめ言葉研修」でその違いを実感しました。

マンガにあったように、「どちらが好きか実習」です。この実習では「山と海」「都会と田舎」といった選択肢が用意され、どちらか好きな方を選ぶのです。そして、なぜそれが好きなのかをみんなでシェアします。

質問は他にも「肉料理と魚料理」「社長と副社長」「お金と健康」といったものがあります。これらの質問を繰り返すうちに、メンバーの一人ひとりが違う価値観を持っているという実感を得られます。

そして、その人がなぜそれを好きなのかという理由を聞くと、その人の気心を知ることになり、距離が近くなるのです。これが大切なのです。

こうして近くなった感覚が、いわゆる「ラポール（信頼）」の形成というわけです。このラポール形成のために、「なぜ好きなのか」というテーマで話をするのです。人は自分の好きなテーマで話をすると、心がポジティブになるのです。顔も笑顔になります。ここが重要です。

脳は「快・不快」を敏感に察知します。相手の話しぶりが楽しそうで笑顔であるなら「快」として受け入れやすいのです。その人の話をもっと聞きたい、もう一度会いたい、という気持ちになります。これがラポールです。

さて、好きなことを話す際にもう一つ補足をしておきましょう。心理学の理論に「VAKモデル」というものがあります。代表システムとも呼ばれています。人が五感で感じるうち、3つを代表的なモデルとして分類しています。

1　ビジュアル（V）……視覚
2　オーディオ（A）……聴覚
3　キネシテック（K）……触覚

このモデルによると、人は感覚に優位性があり、どの感覚がもっとも強く感じられるかは人によって異なっているとされています。もし相手が視覚優位の人であれば、絵や写真を見せながら話すとスムーズなコミュニケーションが可能になります。たとえ絵がなくても、「赤い」「白い」「大きい」「小さい」といった視覚的にイメージしやすい表現を用いるのがよいでしょう。

相手が聴覚優位の場合はじっくり話すことです。使う言葉は「日本で一番」「30％」「5人に1人」という具合に数字を用いると伝わりやすいでしょう。

そして触覚優位の人々には、商品サンプルを手に取って触ってもらうなどの体験をしてもらうと、コミュニケーションがスムーズになります。また、言葉は「ぷよぷよ」「ドカーン」「がっつり」といった感覚を表現する擬音や擬態語を用いると理解が早いでしょう。

もし、相手がどのタイプかわからない場合、または大勢に対して話す場合は、3つの方法すべてを含めておくという配慮が大切です。というのは、話し手の3つの感覚のうちどれかが優位になりやすく、その表現にかたよりがあるためです。たとえば、視覚優位の人が話すと、聴覚優位や触覚優位の人にはわかりにくい表現をしている可能性があります。

これまでに見てきたように、みな価値観が違うのでラポールの形成が先決です。それができていない段階で、ほめ言葉を使っても効果がないのです。お世辞ではないか、なにか裏があるのではないか、などといらない疑念をもたれてしまいかねません。

あるいは、相手にとって望まないほめ言葉の場合もあります。よかれと思って「まじめですね」と言っても、その相手が「まじめとはつまらない人物だ」という解釈の持ち主の場合、かえって傷つけてしまうかもしれません。実に奥が深いのです。

ラポールを形成するプロセスで、相手が望む言葉はなにかを理解できれば、その人の望むほめ言葉を送れることになり、さらにハッピーな関係に発展するのです。

2

海外進出決定

ハッピーカフェは今後、海外での出店を計画。まず、NYとパリ、ローマの3都市が決定していた。

問題はそれらの店長の人選であった。

ヤマシタ社長は、NY店の店長にユキを採用することを決定した。

そんなある日、ユキは所属する接客サービス部の部長に呼び出される。部長の口から出た言葉は?

これが
サワグチユキ
2、海外進出決定
ハッピーカフェ
幹部会議
残り2名も
揃いました
一年後の海外出店の
人事については…
NY店長サワグチユキ
パリ店長クロサワサトミ
ローマ店長ミシマトモコ
でいかがでしょうか？

問題ないと
思います
それでは社長
この線でお願いを
いたします
よし
それでいこう
サワグチユキ
面白い人材だ

接客サービス部
タチバナセンパイ おはようございます
ユキさん
予定表
部長が お呼びだよ

まさか
カキ氷1年分の
プレゼントですか？
CM出演の
ごほうびかも！
部長、お呼び
ですか？
人事異動だ
新プロジェクトが
スタートするので
はい、どこでも
行きます
どんなプロジェクト
ですか？
うむ
よく言った
今度はNY《ニューヨーク》だ

どういうこと
でしょうか？
えーっ！
バサ
バサ
ハッピーカフェのサービスを
グローバルに展開する
プロジェクトだ
プロジェクト名は
「おもてなし
エクスポート」
は？
キミのポジションは
NY店の店長だ

出発は1年後だ
それまで語学の
研修もあるから
大丈夫だ
私英語は苦手なんです！
外国の方によく道を
聞かれるのですが
全然通じません！
我が社の
おもてなし精神を
世界に伝えてほしい
キミなら
できるよ
こうしてユキの
活躍の場が世界で
スタートする
NY店長って…
くらっ…

世界の舞台でも「おもてなし」の心が大切

いよいよユキの活躍の場が日本を飛び出し、世界の舞台に移りました。ハッピーカフェの「おもてなし」の精神を発信することになったのです。

この「おもてなし」はどのように理解すればよいでしょうか。一般的には親切な対応といったことでしょう。大切なのは、その言葉の背景も知っておくことです。

おもてなしは英語では「ホスピタリティ（Hospitality）」にあたります。ホスピタリティは、病院のホスピタルやホテルと同じ語源です。ラテン語の客人の保護「Hospes」から来ています。

おもてなしも客人の保護といった意味合いを含んでいます。ただ日本の場合は英語のホスピタリティとは違った背景があります。そこで、京都の祇園祭を取り上げて理解を深めましょう。

祇園祭は町内の守護神であるスサノオノミコトをまつっています。伝説では、スサノオノミコトが旅の途中、ある村で一宿一飯の恩を受けました。蘇民将来《そみんしょうらい》という青年の家に泊めてもらったのです。その後、旅の帰りにスサノオノミコトは正体を明かして、彼に言いました。末代まで守ってやるので、目印として「蘇民将来之子孫也」という札をちまき（植物の名前）につけて身に着けるようにと。祇園祭でちまきが売られているのはそのためです。

蘇民将来は客人を保護したのです。今日の祇園祭では、神様にご利益をいただこうとちまきを買うのですが、本来の目的とは違ってきています。本来の目的は、「蘇民将来之子孫也」と玄関に飾ることで、「もしお困りのことがあれば、できる限り、お力になりますよ」という宣言なのです。蘇民将来の子孫を名乗るのであれば、困っている人や弱い人を見て見ぬふりはしないという表れなのです。神様に守ってもらおうというのは、まったく逆の考え方ですね。

つまり、人々が互いに助け合うことを神様は望んでいるのでしょう。そうした世の中であれば、本当に平和な世界が実現できるでしょう。そして祇園祭ではお神輿が出されます。神様がお神輿にのって神泉苑という神社を経て、御旅所にしばらく滞在します。人間が神様の旅をお守りするのです。これが「おもてなし」なのです。

やがて時代は戦国時代。茶道の千利休は独自の茶の湯の世界観を確立しました。わびさびの世界です。質素な茶室でお客を迎えます。主人はその日、客人のことを思い、野に出て花を一輪つみ取ります。それを茶室の一輪ざしに生けます。けっしてゴージャスに花束で迎えるのではありません。自分にできることで、おもてなしするのです。蘇民将来がスサノオノミコトをおもてなしした際、食事は粟・ひえといったものでした。しかも、それは自分の食べる分をがまんして差し出したものでした。今の自分にできる精一杯のことでした。スサノオノミコトが感激したのは、彼の心づかいなのでした。おもてなしは「心」が大切なのです。

さて、茶道ではすべてを清潔にしています。茶室も道具も。その理由は、当時、病院も薬もないので食中毒になると命を落とす可能性があったからです。不衛生さを極力排除したのです。

もし客人が食中毒で命を落としてしまったら、取り返しがつきません。主人が客を迎えることは真剣勝負なのです。また、客も命がけで向かうわけです。客人として茶室に入るということは、お互いの信頼関係の上に成立するのです。

このように、日本のおもてなしの精神というのは命がけの真剣勝負の場から発展しました。先の蘇民将来の話も、じつはそうだったのです。スサノオノミコトは蘇民将来を訪れる前に、彼の弟・巨旦将来《こたんしょうらい》を訪ね、一晩泊めてほしいと願い出ました。しかし彼は裕福であったにもかかわらず拒否しました。そしてスサノオノミコトは旅の帰りに、巨旦将来の命を奪ったのでした。

まさに命がけの話ですね。

困っている人を見て見ぬふりをしないこと、この精神が「おもてなしの心」ということです。私たちの身の回りを見わたせば、いくらでもおもてなしの精神を発揮できる機会があると思います。

3

ユキがNY店長に！

ユキは自分がNY店長としてアメリカに行くことを、マーケティングのメンバーに報告した。

メンバーはお祝いの言葉、激励の言葉をユキに贈った。

さて、ユキはNYで新しいオープニングスタッフにあいさつする。スタッフの一人が、ユキが一番大切だと思っていることはなにかと質問した。

ユキの答えは……

NY店の
店長だそうです
3、ユキが
NY店長に！
すごいじゃない！
おめでとう！
マーケティング部
プロジェクトの
元メンバー
ユキさん
なら大丈夫
わくわくしなさい
あまりにも
責任重大で
潰れそうです

わくわくしたい
ですけど
毎日英語の
勉強で必死です
アメリカ版
スマイルキャンペーン
企画するね
NYでも
ユキさんは
人気者になるよ
うんうん
アメリカ版？
それは
わくわくします！

こうして…
アハハハハ…
もう！
単純だなー
NYへ
旅立った
ゴォォ…
1年間の
研修を受け
Good morning
Service
Marketing
Happy
Cafe
Hospitality
NY店
オープン3日前
HAPPY CAFE
coming soon!

いよいよ
3日前です
皆さん
よろしく
お願いします
オーケー
ボス
シェフ
ボブ
3名の
スタッフ
オーライ
みんなで
頑張ろう！
ホール
ナンシー
ホール
キャサリン
ユキ
何が一番
大切だい？
グッドクエスチョン
キャサリン

お客様にも
そして
スタッフにも
まず
スマイルが
とても大切
それと？？？
それと…
オッケー
ボス！
わくわくです！
オーライ
わくわく！
みんなで
わくわく
だね！

いよいよかぁ…
PY CAFE
Comming
Soon
がんばろー
イエーィ!
良い店に
なるといいなァ
わくわく！

スマイルとわくわくを伝染させよう

ユキがＮＹにやってきました。新しいスタッフ３名を迎えて、いよいよ新しいステージのスタートです。スタッフのキャサリンが質問しました。「なにがいちばん大切？」ユキはこう言いました。「まずはスマイルがとても大切」と。そして、そのスマイルは顧客だけでなくスタッフにも、という点がポイントです。スタッフがお互いに肯定的なストロークを交わし合って仕事をするのです。そのスマイルは顧客にも伝わるというのです。

「脳は人称を理解できない」と言われています。たとえ、他者に対するほめ言葉であっても、聞いていると自分がほめられている気分になるというのです。

もし、スタッフが「しかめっつら」で仕事をしていると、顧客は自分がなにかまずいことをしたのか、と錯覚するのです。すると気分が暗くなります。

そしてユキは、一番大切なのは「わくわくすること」だと言いました。このわくわく感も顧客に伝わるのです。

このわくわく感は好奇心だと考えると、別の知見が広がります。「ネオテニー（幼形成熟)」という理論があります。ネオテニーとは、見た目は子どもっぽいのですが、成熟しているというもの。ヒトはチンパンジーのネオテニーというのです。なぜなら、ヒトの赤ん坊は無能力で、成人しても体毛が少ないからです。いわば「子どものまま大人になった劣ったサル」なのです。

しかし、こうも考えられるのです。

子どもは好奇心旺盛です。子どもであるということは、成長のプロセスの中にあるということ、学ぶ期間が長いということです。その結果、知能が飛躍的に発達し、サルの知能をこえてしまいました。そして豊かな文化を創造してきたのです。

大人になるということは、いいかえると「老化」です。老化は好奇心を失い、なにもかも無関心になるということでもあります。それでは豊かな文化は創造できないでしょう。

ヒトは生物学的に「子ども」であるがゆえに、創意工夫をしてきたのです。そして、ヒトは一生「子ども」でもあります。幼い頃にほめられてうれしかった言葉は、成人してからもうれしいものです。「かわいい」とか「かしこい」「かっこいい」と言われたかった子どもの頃、それが成人してもやはり言われたいものです。

子どもの頃に「天才だね」と言ってもらい、うれしい気分になった人は、大人になっても「天才」だと言われたいのです。ちなみに天才というのは、単に勉強ができるということではありません。「なわとびの天才」「あさがおを育てる天才」「野球の天才」などいくらでも天才のフィールドは存在します。

天才とは神様からあずかった才能のことです。それは、世のため人のために役立てるための才能です。ですから、天才は自慢の言葉ではないのです。謙虚にその才能を認め、育てることで世の中に貢献するためのものです。

そう考えると、学校教育とは、子どもたちの天才を発見し、育成し、応援してあげることだということがわかります。

そして、「かわいい」という言葉にも着目してみましょう。いまや世界の言葉になってきました。「KAWAII」は世界の共通語になろうとしています。日本のサブカルチャーの分野では、かわいいものに魅力を感じる人々が大きなマーケットを形成しています。キャラクター商品やアイドルタレントといった分野がそうです。

このサブカルチャーは日本が最先端であり、世界から注目されています。かわいいものを目にすると、童心にかえって「わくわく感」がよみがえるのです。好奇心です。

それは神様が人類にあずけた才能です。天才のひとつです。

私たちは、このわくわくする好奇心を手放してはならないのです。子どもの心を見失ってはいけないのです。わくわくする心が、文化を創造し、平和な世の中をつくりあげていくのです。

ユキたちのわくわく感は、これからも世界には発信され、素敵な世界の創造に貢献していくことでしょう。

4

ＮＹ店の初日

ついにＮＹ店のオープン初日を迎えた。ユキは、この展開のきっかけとなった、自分の提案した「カキ氷Ｂａｒ」に想いをはせた。

ここまで来ることができたのは、みんなの力があったからだ。一人ひとりの顔が目に浮かんだ。

いよいよ開店。お客の反応は上々であった。カキ氷Ｂａｒも好評だった。

２日目も順調で、カキ氷ＢａｒはＳＮＳでブレイクしていく。

そして３日目にすごいことが待っていた……

本日オープンだ
4、NY店の初日
モーニン
ユキ
グッド
モーニング
HAPPY CAFE
TODAY OPEN! AM10:00
うん
わくわくで
ドキドキだ
はい
がんばりましょう！
いよいよ
オープンね

例のマシンも
スタンバイOKよ
ユキ
モーニン
グッド
モーニン
SNOW ICE Bar
これこれ
この商品企画が
スタートだったなァ
まさかこの商品も
NYに来るなんて

オリジナルシロップ
やる気あるの?
スマイルキャンペーン!
みんなの力で
ここまで来たんだ
うれしい
ありがとう
カードありがとう!
みんなで
ほめあって
認めあって
感謝して
支えあえたから
ここまで来れた
これはいいねー
絶好調だよ
ユキ
オープンの
時間だよ
OK!
よしっ
がんばろう！

ウェルカムトゥ
ハッピーカフェ
Good Morning!
Hello!
さあ
忙しく
なるよー
Okie
Dokie.
ハイ
モーニン
初日から
良いスタートかも

SNOWICE Bar
SNOW ICE
だってさ
おもしろ
そうだね
おいしい!
ミラクルねー
日本でも
NYでも
笑顔の力は
同じなんだ！

初日は大勢の
お客様がご来店
Thank you!
Thank you!
2日目も
大忙しでした
SNOW ICEが
大ブレイク
Grape
Strawber
Milk
SNSで
話題になった
そして3日目に
凄いことになった
すごーい

スタンダード志向とローカライズ志向でブランド確立

ハッピーカフェＮＹ店の初日は大成功でした。カキ氷Ｂａｒも「SNOW ICE Bar」と名前を変えて大ブレイクとなっています。この商品企画がきっかけで、ユキはたくさんの人々と出会うことができました。

社内のモチベーションがアップし、生産性が高まり、顧客満足を生み出す仕組みが本格化しました。そして、それはグローバルに展開してきました。

さて、マーケティングの考え方では世界に展開する際には大きく2つの方向性があると言われています。第1にスタンダード志向。第2にローカライズ志向です。

まず、スタンダード志向というのは、国内のプロダクトやサービスを同じ仕様で国外でも提供する方法です。そのメリットは、標準化されたモノやサービスを利用するので、コストがおさえられる点です。ハッピーカフェでは、日本でも国外でも同じデザインの店舗、ユニフォーム、主要メニューにしています。

その他のメリットとしては、世界中で共通したブランド認識が可能になる点です。世界同時にブランドメッセージを発信できます。すると、日本でハッピーカフェを利用したことがある顧客は、国外でも抵抗なくハッピーカフェを利用することが可能になります。

もう一つのローカライズ志向は、国や地域ごとに内容を変える方法です。文化や習慣が異なるのでローカルに対応することが求められることもあります。

とくにメニューは国ごとに好みが違っているので、ご当地メニューの存在が不可欠です。カキ氷Ｂａｒは名前を「SNOW ICE Bar」にしました。じつは名前だけでなく、シロップの甘さ加減も調整しています。ＮＹでは日本よりも、甘めになっています。

第2章で登場した生産チームは、ＮＹに入ってモニター調査をしていたのです。同じストロベリーミルクであっても、日本人の好む甘さとニューヨーカーが好む甘さに違いがあるのでした。生産チームの3人はその調査結果をふまえ、ＮＹ向けのシロップを完成させました。その調査は、パリとローマでも行なわれました。ですから、同じシロップの銘柄であっても、日本、ＮＹ、パリ、ローマで風味が異なることになりました。その細やかなローカライズが功を奏し、各地で好評になっていったのです。

たとえば日本の市場でも、うどんのスープの風味が関東と関西では好みが違います。関東ではしょうゆ風味が好まれ、関西ではだしの風味となっています。同じ国でも地域によって違いがあったりします。

このローカライズ志向はやはりコストアップになりますので、その見極めがポイントになります。つまり、スタンダード志向とローカライズ志向のバランスをどこでとるのか、という課題です。

スタンダード志向のメリットをひとつ。スタッフのマニュアルについてです。たとえば、カフェの接客の方法をマニュアル化したとします。すると、短期間で一定のレベルまで接客のクオリティを高めることができます。工場では作業マニュアルといったことになります。コンビニエンスストアでもマニュアルが完備しているので、短期間でアルバイトも仕事ができるようになります。最低限の顧客満足を提供するためにマニュアルというスタンダード志向は不可欠です。

その一方、マニュアルだけでは追いつかない場合もあります。ローカライズ志向ではないですが、マニュアルを越えたサービスが顧客満足を生み出すことも知っておく必要があります。

たとえば、あるホテルではスタッフに権限と一定の予算を与え、顧客が困っていることへの対応や望むことを提供してもよいとしています。これは〝伝説のサービス〟です。ホテルの利用客が散髪を早朝にしたいので理容店を探してほしいとスタッフに相談しました。しかし、早朝ではどこの理容店もまだ開店していませんでした。そこで偶然、自分の妻が美容師だったので早朝に呼び出して散髪の出張サービスを提供しました。

顧客は感動して、そのことを周囲に話しました。うわさになり、伝説になり、そのホテルはサービスのクオリティでは世界有数のホテルとして知名度がアップしました。

ブランドの確立には、こうしたスタンダードをこえることも重要なポイントになるのです。

5

なんと行列が

オープン3日目、ハッピーカフェに行列ができた。NYだけでなく、パリやローマでも起こった。

ユキは、スタッフみんながんばってくれることに、幸せを感じるのだった。

その後、NYでは日本で流れたテレビCMがオンエアされた。ユキの笑顔は全米に広がっていく。

そんなある日、ユキにサプライズである人物が訪ねてきた。その人物とは？

NYでも行列が…
あぜん…
5、なんと行列が
すごい すごい
HAPPY CAFE
NYだけでなく パリ、ローマでも 行列となった
WAITING LINE
信じられないね キャサリン
ユキすごいわね 30人は並んでいるよ

ボブ
大丈夫？
ノープロブレムさ！
HA HA HA!
ナンシー
OK?
大丈夫だよ！
Don't worry!
キャサリン
パーフェクトね！
任せて！

みんながんばってくれてる……
とってもハッピーだ
日本で流れたCMが
おいしいドリンクとデザート
NYでもオンエアされ
SNOW ICE Bar
ユキのスマイルが
すてきなスタッフ!
全米に広まった
お客さまの笑顔!

そんなある日
ユキさん来たよ！
え？メグミさんどうして？
ふふふ サプライズよ
TA-DA!
アメリカ版スマイルキャンペーンいよいよスタートよ
私も一緒にNY店で働くことになったの
すごーい うれしーい

サプライズ
だもんね
ですよね
今頃ユキさん
びっくりしてるん
じゃない？
さぁ私たちも
がんばりましょう
北米支部の
マーケティング部は
半年後にスタートよ
ヤマシタ社長も
ニクイねー
またこのメンバーで
アメリカに
行けるなんて

それは
従業員満足が
むむっ
見覚えある
名前が！
インターナル
マーケティング
北米支部が
できるの？
マーケティング部も？
社内資料
顧客満足に
つながる活動
シマダ部長が来るの？
サカイさんもオクダさんも
サトウさんもだ！
この1年後
全米でさらに
10店舗オープン
あっタチバナセンパイは
ヨーロッパ支部なんだ！
さては地中海でスキューバだな
いいなー
絶好調
だなー
ハッピーカフェの
グローバル展開はまだまだ続く

サービスで差別化、競争力アップ

ハッピーカフェNY店は3日目に行列ができました。それは、パリでもローマでも起こりました。これを可能にした一つが、TVのCMです。日本で流れたCMをNYでもヨーロッパでもオンエアしたのです。

笑顔のパワーは世界共通でした。

ハッピーカフェの世界戦略の最重要コンセプトは「おもてなしのエクスポート」です。必ずしもドリンクやデザートといったプロダクトの提供ではありません。おもてなしという形のないサービスを提供しようというのです。

こうした、プロダクトだけでなくサービスによって高い付加価値をつけ、他社と差別化をはかろうとする考え方を「サービス　ドミナント　ロジック」といいます。

ドミナントとは支配的という意味です。サービスが結果を左右するという論理です。「作れば売れる」という時代ではなく、「選ばれなければ売れない」時代です。人々に選ばれるためのサービスです。

ハッピーカフェでは、日本市場以外でもスマイルキャンペーンを実行していく計画です。地域のイベントやボランティアに積極的に参加することで、知名度をアップしていく発想です。

サービスという概念には4つの特徴があります。①無形性、②同時性、③消滅性、④変動性です。

①無形性

無形性とはプロダクトとは異なり、形が物理的にないのでサンプルを手に取って吟味するといったことができません。したがって、購入して体験するしかないのです。その場合、消費者はリスクを感じます。ですから「お試し体験」というものがあれば、安心できる新材料になります。しかし、学校などの教育サービスなどは、実際に入学しないとその価値がわからないという難しさがあります。

②同時性

同時性とは、生産と消費が同じタイミングで発生するということです。

たとえば美容院でのサービスでは、髪をカットする生産と、顧客が髪をカットされる消費が同時に起こります。したがって、サービスは工場で大量生産してから販売するといったことができません。

③消滅性

消滅性とは、サービスは提供されると、その提供の終了とともに消滅する特徴をいいます。たとえば、電車のサービスは通勤中にそのサービスの提供を受けても駅で電車を降りると、そこでサービスは消滅します。ということは、サービスは在庫ができないのです。プロダクトのように作り置きしておいて、好きな時に出荷するということができません。

④変動性

変動性とは、サービスはそのたびごとに変化する特徴をいいます。旅行を例にとると、季節や天候次第でちがった観光体験になります。飲食店では、スタッフの対応も店ごとに違っていたり、同じ人物であっても今日と昨日では接客のクオリティが違う場合があったりします。寸分も違わないサービスというのは難しいというわけです。

以上のように、サービスはプロダクトとは違った特徴を有しています。これらを困難性ととらえるのではなく、むしろライバル参入障壁と前向きにとらえることも可能です。これら4つの特徴は、自社にとっての競争上のメリットだと考えるのです。

サービスは他社がマネのできないものとして展開することができます。他社にとっては、形がないサービスはながめていても簡単にはマネできません。コピーが難しいのです。優秀なスタッフを育成するということも、簡単にはマネできないことです。

プロダクトであれば、市場で購入して分解すれば、おおよその仕組みが理解でき、コピーが可能でしょう。しかし、サービスは購入して分解することができないので、長期間ライバルへの差別化、新規参入障壁になる可能性があるのです。

ハッピーカフェのねらいは、インターナルマーケティングに裏付けられた高いサービスのクオリティをめざすことなのです。

エピローグ

世界はコミュニケーションでできている

本書はルーマンの社会学理論をベースにコミュニケーションの重要さを主張しつつ、心理学のエッセンスをまじえながらマーケティングのあり方を描いてきました。とくに、従業員満足から高い生産性を実現し、顧客満足に導くというインターナルマーケティングの世界を表現しました。

消費者、顧客、市民、彼らはそれぞれ自分の価値観を持っています。大切にしています。自分の価値観、つまり世界観を楽しみたいのです。その楽しめるもの、「快」をもたらすものをウエルカムとして生活しているのです。こうした発想を「世界観マーケティング」と呼ぶこともできます。

たとえば、あるプロダクトの「機能がよい」というのは、ある人にとっての価値観であって、別の人にとってみれば「複雑で使い勝手がよくない」かもしれません。

企業活動に目をむけると、従業員の世界観を大切にすることによって、顧客には自分が大切にされているという世界観（イメージ）が伝わります。ところが、この世界観というのは、言語化が不可能です。人それぞれで違うからです。しかし、それは強烈にその人の人生を左右します。本人の自覚なしに、その世界観にしたがって過ごしていきます。

幸せな世界観を描き、求めている人は幸せな人生を歩むようになっていきます。その逆もしかりです。せっかくこの世に生まれたのですから、幸せな人生を送りたいではありませんか。その第一歩が、「褒め言葉カード」かもしれません。自分のお気に入りの言葉との出会い。その出会いはまさにセレンディピティなのです。

そして、その言葉はあなたにとって一生のたからものになるかもしれません。もしかしたら、この本もあなたにとってのセレンディピティかもしれません。そうであれば、このうえない喜びにほかなりません。

本書に登場したユキの活躍はこれからも続きます。素敵なセレンディピティを世界中に発信するためです。

よろしく
お願いします
エピローグ
インターナルマーケティング
研究所
あれから5年後
ユキたちは帰国
日本で新しい
プロジェクトが
始まった
私が研究所長だなんて
びっくりです
ハッピーカフェは
インターナル
マーケティング
研究所(IM研)を設立した
またみなさんと
ご一緒できて
うれしいです

NYでの店長経験を活かしてがんばります
IM研の仕事は3つ第1が従業員満足を高める研究
第2が地域社会との連携活動の研究
第3は一般の企業や団体向けのコンサルテーション
コンサルテーション事業は今後重要な活動になりますね

はい すでに病院や学校といった
方面からのオファーも
来ています
はい
わくわくします！
忙しくなりそうね
そうなんだ
わくわくという
言葉との出会い
褒め言葉カードで
知った
お気に入りの言葉

その言葉は
これからも私を
支えてくれる…
うれしい！
ユキさんは
わくわくな
人だね
すべては
そこから
始まった
一生のたからもの
わくわく
Fin

あとがき

今回の本を発刊することができて、とてもうれしく感じています。田村准教授と共著を出版する話こそ、まさにセレンディピティ（幸せな偶然）でした。一年前に偶然に知り合って、こんな日が来るとは思ってもいませんでした。

そして、初めて田村准教授が、私の主催する「褒め言葉カードベーシックセミナー」を体験した時の表情を今でも覚えています。本当に目を白黒させていました。〝まじめ〟と〝おもしろい〟、〝予想どおり〟と〝予想以上〟など、自分がよいと感じるほめ言葉と、相手がよいと感じるほめ言葉が、まったく違っていることに初めて気が付いたそうです。

大学生の教え子たちが、どうしてほめても喜んでくれないのかが分かったそうです。「そうか、価値観が違っていたり、それぞれの信念が違っていたりするので、ほめ言葉も違っているんだ」と気づくことができたそうです。

その次に受講した「褒め言葉カードアドバンスセミナー」では、さらに感動体験をしてくれました。その時に田村准教授は、対人関係で悩みがあったそうです。「どうしてあの人とは分かり合えないのだろう」

しかし、セミナーでたくさんの実習を体験するうちに、心が開放されて〝快〟になっていきました。セミナーの最後には、「そんなことはどうでもいいことかもしれない」と軽く考えることができるようになっていました。「褒め言葉カードセミナーは、相手のほめ言葉を知る史上最強の発明だ」と感動していただきました。

そのような体験が、今回の本の出版の動機となりました。私はセミナーのノウハウを提供いたしました。それを田村准教授が、ストーリーのある1冊の本にまとめてくれました。マンガも田村先生が描いてくれました。ユキの成長に従って、読者の皆様もインターナルマーケティングの考え方を学ぶことができたのではないでしょうか。

どうしてインターナルマーケティングが必要かというお話をします。厚生労働省のデータがあります。平成28年度の民事上の個別労働紛争の相談件数では、職場のいじめ・嫌がらせが約7万件でトップだそうです。さらに上昇傾向になっていて、おそらく平成30年度は8万件を超えると予測されます。ここにメスを入れないと企業・組織の存続が危うい状態なのです。

その対策として、大きな効果があるのがインターナルマーケティングなのです。従業員満足から高い生産性を実現し、顧客満足に導くというインターナルマーケティングの世界を分かりやすく説明をしたのが、この本になります。

最後に、これからはＡＩの時代だと言われています。知識伝達だけで仕事をしている人は生き残っていけないでしょう。知識伝達はＡＩが充分にできるからです。生き残れるのは、〝褒める・認める・感謝する〟ことができる人、つまり、ほめ言葉マーケティングができる人なのです。ＡＩ時代に打ち勝つには、ほめ言葉マーケティングが欠かせないのです。この本が皆様の大きな気づきと実践の第一歩となることを願って筆をおきたいと思います。

一般社団法人日本褒め言葉カード協会　代表理事　藤咲徳朗

読者プレゼント

本のご購入をありがとうございます。感謝の気持ちを込めて、メルマガ読者登録していただいた方に無料プレゼントを差し上げます。ぜひともこの機会をご活用ください。

日本褒め言葉カード協会が発刊しているメルマガのタイトルは、**仕事も家庭も幸せになる「褒める・認める・感謝する会話術」メールセミナー**です。
本の内容をさらに深く理解できるメルマガです。
無料プレゼント特典の申込のメルマガ登録サイトは下記となります。

➡ https://tokuten.homekotoba.jp/

《5つの特典プレゼント》

いずれもインターナルマーケティングを実践できるものです。

①アニマル褒め言葉カレンダー 2018 年版(A4 版)
②褒め言葉あいうえお表
③褒め言葉語録集
④褒め言葉カードセミナー 3000 円割引受講券
⑤褒め言葉カードセミナー動画

なお、日本褒め言葉カード協会のホームページは次のとおりです。

➡ https://homekotoba.jp/

本に掲載されている褒め言葉セミナーなどの各種セミナーの情報が満載です。

たったひと言で変わる！ ほめ言葉マーケティング

2018年6月18日　第1刷発行

著　者———田村直樹・藤咲徳朗

発行人———山崎　優

発行所———コスモ21
〒171-0021　東京都豊島区西池袋2-39-6-8F
☎03（3988）3911
FAX03（3988）7062
URL http://www.cos21.com/

印刷・製本——中央精版印刷株式会社

定価はカバーに表示してあります。

ISBN978-4-87795-368-3 C0030